Newport Community Learning
and Libraries

Z801602

D1758609

Community Learning & Libraries
Cymuned Ddysgu a Llyfrgelloedd

This item should be returned or renewed by the last date stamped below.

Newport Library and
Information Service

To renew visit:

www.newport.gov.uk/libraries

Catherine Yemm

Brilliant
PUBLICATIONS

Llyfrau eraill yn yr un gyfres:

Datrys Problemau Mathemateg – Blwyddyn 1   978-1-78317-284-9
Datrys Problemau Mathemateg – Blwyddyn 2   978-1-78317-285-6
Datrys Problemau Mathemateg – Blwyddyn 3   978-1-78317-286-3
Datrys Problemau Mathemateg – Blwyddyn 5   978-1-78317-288-7
Datrys Problemau Mathemateg – Blwyddyn 6   978-1-78317-289-4

Cyhoeddwyd gan Brilliant Publications
Uned10, Sparrow Hall Farm,
Edlesborough, Dunstable, Bedfordshire LU6 2ES

E-bost: info@brilliantpublications.co.uk
gwefan: www.brilliantpublications.co.uk
Ymholiadau cyffredinol:
Ffôn: 01525 222292

Mae'r enw Brilliant Publications a'r logo yn nodau masnach cofrestredig.

Ysgrifennwyd gan Catherine Yemm

Clawr a darluniau gan Frank Endersby

ISBN print: 978-1-78317-287-0
ISBN e-lyfr: 978-1-78317-293-1

© Catherine Yemm 2005

Cyhoeddwyd gyntaf yn 2016. Cyhoeddwyd yn y DU.
10   9   8   7   6   5   4   3   2

Mae Catherine Yemm wedi datgan ei hawl i gael ei chydnabod fel awdur y gwaith hwn yn unol â Deddf Hawlfraint, Dylunio a Phatentau 1988.

Gall athrawon unigol lungopïo tudalennau 9–81 er defnydd dosbarth yn unig, heb ganiatâd ymlaen llaw gan y cyhoeddwr a heb ddatgan i'r Gymdeithas Trwyddedu Cyhoeddwyr. Ni chaniateir atgynhyrchu'r deunyddiau mewn unrhyw ffurf arall neu ar gyfer unrhyw bwrpas arall heb ganiatâd y cyhoeddwr ymlaen llaw.

Cynnwys

Cyflwyniad

Datrys Problemau Mathemateg – Blwyddyn 4 yw'r pedwerydd llyfr mewn cyfres o chwe llyfr adnoddau ar gyfer gwersi rhifedd. Mae'n cynnwys gofynion Datblygu ymresymu rhifyddol y Fframwaith Rhifedd Cenedlaethol. Mae pob llyfr yn addas i flwyddyn ysgol benodol ac yn cynnwys adnoddau y gellir eu llungopïo.

Mae datrys problemau yn rhan bwysig o'r cwricwlwm rhifedd ac mae rhifedd yn bwnc pwysig gan fod plant yn dysgu sgiliau sy'n eu galluogi i ddatrys problemau mewn agweddau eraill o'u bywydau. Nid yw'n ddigon gallu cyfrif, adnabod rhif a chyfrifo; mae ar blant angen gallu defnyddio sgiliau datrys problemau ochr yn ochr â gwybodaeth fathemategol i'w helpu i lwyddo mewn gwahanol sefyllfaoedd 'bywyd go iawn'. Nid yw llawer o'r sgiliau a'r strategaethau datrys problemau sydd eu hangen yn dod yn naturiol felly mae'n rhaid eu haddysgu.

Ni ddylai datrys problemau fod yn faes sy'n cael ei addysgu yn noeth ar ei ben ei hun ond mae'n un y dylid ei addysgu ochr yn ochr â meysydd mathemateg eraill megis rhif, siâp, gofod a mesurau. Bydd plant yn elwa o gael cyfleoedd i ddatrys problemau mewn meysydd eraill o'r cwricwlwm ac allan o'r dosbarth yn ogystal ag mewn gwersi penodol ar rifedd.

Pan yn addysgu plant i ddatrys problemau mae nifer o bwyntiau y dylid eu hystyried:
- Dylai hyd y problemau amrywio yn dibynnu ar oedran y grŵp. Bydd plant yn elwa o gael problemau byr, canolig ac estynedig.
- Dylai problemau ar un dudalen neu mewn un wers fod yn amrywiol fel nad yw'r plant yn cymryd yn ganiataol mai problemau 'lluosi' ydyn nhw, er enghraifft, ac felly yn lluosi'r rhifau maen nhw'n ei weld er mwyn cael yr atebion.
- Mae'n rhaid i'r problemau amrywio o ran cymhlethdod: dylai bod rhai problemau un cam a rhai dau gam a dylai'r eirfa ym mhob problem fod yn wahanol.
- Yn dibynnu ar oedran y plant gellid cyflwyno'r problemau ar lafar neu'n ysgrifenedig.
- Pan yn gosod problemau ysgrifenedig i'w datrys efallai y bydd ar rai plant angen help i ddarllen y geiriau, er nad yw hyn o reidrwydd yn golygu y byddan nhw angen help i ateb y cwestiwn.
- Dylai cyd-destun y broblem wneud synnwyr a bod yn berthnasol i'r plant. Dylai geisio eu hannog i ddod o hyd i'r ateb a bod o ddiddordeb iddyn nhw. Er enghraifft, dylid cynnwys ewros yn ogystal â phunnoedd.

Mae'r llyfr hwn wedi'i rannu'n dair pennod: 'Datblygu ymresymu rhifyddol', 'Datblygu ymresymu rhifyddol: Adnabod prosesau a chysylltiadau' a 'Defnyddio sgiliau rhif'. Mae pob pennod yn cynnwys chwe gwers, un i'w defnyddio bob hanner tymor.

© Catherine Yemm

Datblygu ymresymu rhifyddol

Mae'r llinyn 'Datblygu ymresymu rhifyddol' yn y Fframwaith Rhifedd Cenedlaethol yn nodi y dylai plant Blwyddyn 4 allu 'adnabod y camau a'r wybodaeth briodol sydd eu hangen er mwyn cwblhau'r dasg neu gyrraedd datrysiad.'

Yn y bennod hon mae'r pwyslais ar ddewis ac yna defnyddio'r gweithrediad cywir i ddatrys problem. Ym Mlwyddyn 4 mae plant yn datblygu eu sgiliau adio, tynnu, lluosi a rhannu a dylen nhw ddeall bod angen dulliau gwahanol i ddatrys gwahanol broblemau. Dylid eu hannog i wneud a chyfiawnhau penderfyniadau drwy ddewis y gweithrediadau addas i ddatrys problemau geiriau, penderfynu a yw cyfrifiadau yn gallu cael eu gwneud yn y pen neu gyda phapur a phensil, ac esbonio a chofnodi sut wnaethant ddatrys y broblem. Dylid rhoi'r cyfle i'r plant daclo problemau cymysg fel eu bod yn dysgu sut i feddwl yn agored a gwneud penderfyniad yn seiliedig ar yr eirfa a ddefnyddir a'r cwestiwn ei hun. Os nad yw plant yn cael dysgu'r sgiliau dewis hyn yna mae'n gyffredin iawn iddyn nhw dybio mai adio yw'r ffordd i ddod o hyd i ateb i gwestiwn gyda dau rif. Mae cymysgedd o gwestiynau yn y bennod hon a gall y bydd gofyn i'r plant ddefnyddio unrhyw un o'r pedwar gweithrediad. Mae'r cwestiynau wedi'u cynllunio i alluogi'r pant i ymarfer datrys problemau mewn amrywiaeth o gyd-destunau perthnasol.

Mae'r amcanion datrys problemau yn gysylltiedig â'r gofynion a geir o dan y pennawd 'Adolygu'. Ar ôl dewis a defnyddio'r gweithrediad cywir gellid annog y plant i:

■ ddewis o blith ystod gynyddol o strategaethau gwirio er mwyn penderfynu a yw atebion yn rhesymol
■ dehongli atebion yng nghyd-destun y broblem ac ystyried a yw'r atebion yn synhwyrol, gan gynnwys yr hyn mae'r cyfrifiannell yn ei arddangos
■ defnyddio data i ddod i gasgliadau, a sylweddoli y gall rhai casgliadau fod yn gamarweiniol.

Datblygu ymresymu rhifyddol: Adnabod prosesau a chysylltiadau

Yn ôl amcanion y Fframwaith Rhifedd Cenedlaethol dylai plant Blwyddyn 4 allu:

■ adnabod y camau a'r wybodaeth briodol sydd eu hangen er mwyn cwblhau'r dasg neu gyrraedd datrysiad
■ dewis mathemateg a thechneg briodol i'w defnyddio
■ dewis a defnyddio offer ac unedau mesur addas
■ dewis strategaeth feddwl neu ysgrifenedig briodol a gwybod pryd mae'n briodol defnyddio cyfrifiannell
■ amcangyfrif a delweddu maint wrth fesur a defnyddio'r unedau cywir
■ egluro canlyniadau a gweithdrefnau'n glir drwy ddefnyddio ieithwedd fathemategol
■ mireinio dulliau anffurfiol o gofnodi cyfrifiadau ysgrifenedig, gan symud i ddulliau cyfrifo ffurfiol pan fyddant wedi datblygu digon i wneud hynny
■ defnyddio nodiant, symbolau ac unedau mesur priodol
■ dewis a llunio siartiau, diagramau a graffiau priodol a chanddynt raddfeydd addas.

Mae'r gweithgareddau yn y bennod hon yn gymysgedd o broblemau, posau a datganiadau. Mae gwersi 1, 3 a 5 yn ymwneud â siapiau, ac mae gwersi 2, 4 a 6 yn ymwneud â rhif. Pan geir datganiad megis 'Mae swm tri eilrif bob amser yn eilrif', dylai'r plant gael eu hannog i roi enghreifftiau i brofi'r datganiad, er enghraifft 12 + 14 + 26 = 52. Gall eraill fod yn gwestiynau mwy amlwg sydd ond angen ateb. Dylai'r athro geisio rhoi amser i siarad gyda'r plant tra'u bod yn gweithio er mwyn rhoi'r cyfle iddyn nhw i esbonio eu dulliau a'u rhesymu ar lafar ac i roi cyfle iddyn nhw ofyn cwestiynau megis 'Beth os…?'. Bydd y sesiwn gloi ar ddiwedd y wers hefyd yn rhoi'r cyfle i wneud hyn.

Defnyddio sgiliau rhif

Mae 'Defnyddio sgiliau rhif' y Fframwaith Rhifedd yn nodi y dylai plant Blwyddyn 4 allu:

Defnyddio ffeithiau rhif a'r berthynas rhwng rhifau
- darllen ac ysgrifennu rhifau hyd at 10 000
- cymharu ac amcangyfrif gyda rhifau hyd at 1 000
- defnyddio ystod o strategaethau meddwl i alw tabl lluosi 2, 3, 4, 5, 6 a 10 i gof a'u defnyddio i ddatrys problemau rhannu
- lluosi a rhannu rhifau â 10 a 100

Ffracsiynau, degolion, canrannau a chymarebau
- haneru rhifau 3 digid yng nghyd-destun rhif, arian a mesuriadau
- canfod symiau ffracsiynol drwy ddefnyddio ffeithiau hysbys am dablau, ee $\frac{1}{6}$ o 30cm
- adnabod mai amryw o rannau sy'n creu rhif cyfan yw ffracsiynau, ee $\frac{2}{3}$, $\frac{3}{10}$

Cyfrif yn y pen ac yn ysgrifenedig
- canfod gwahaniaethau o fewn 1 000
- adio rhif 2 ddigid at, neu dynnu rhif 2 ddigid o, rif 3 digid drwy ddefnyddio dull ysgrifenedig priodol
- lluosi a rhannu rhifau 2 ddigid â rhif 1 digid

Arian
- defnyddio arian i dalu am eitemau hyd at £10 a chyfrifo'r newid
- rhoi eitemau yn eu trefn a'u cymharu hyd at £100
- adio a thynnu cyfansymiau llai na £10 drwy ddefnyddio'r nodiant cywir, e.e. £6.85 – £2.76.

Mae'r gweithgareddau yn y bennod hon yn 'broblemau geiriau'. Bwriedir i'r cyd-destunau fod yn realistig ac yn berthnasol i blant oedran Blwyddyn 4. Mae'r cwestiynau yn gofyn am weithrediadau adio, tynnu, lluosi a rhannu ac mae'r cwestiynau yn ymwneud ag arian, mesurau gan gynnwys amser, a sefyllfaoedd bob dydd.

Dylai'r athro geisio rhoi amser i siarad gyda'r plant tra'u bod yn gweithio er mwyn rhoi cyfle iddyn nhw esbonio eu dulliau a'u rhesymu ar lafar. Bydd y sesiwn gloi ar ddiwedd y wers hefyd yn rhoi'r cyfle i wneud hyn.

Mae'r gofynion datrys problemau yn gysylltiedig â'r gofynion a geir o dan y pennawd 'Amcangyfrif a gwirio'. Ar ôl dewis a defnyddio'r gweithrediad cywir dyid annog y plant i ddefnyddio dull i wirio eu hatebion, drwy ddefnyddio'r gweithrediad gwrthdro, drwy adio mewn trefn wahanol, drwy wirio gyda chyfrifiad cywerth, gwirio canlyniadau drwy amcangyfrifo, drwy dalgrynnu i'r 10 neu'r 100 agosaf.

© Catherine Yemm

Y wers

Tasg ddechreuol

Gellir dechrau'r wers gyda thasg mathemateg pen 5-10 munud. Gall hyn olygu ymarfer sgìl mathemateg pen penodol ar gyfer yr hanner tymor hwnnw neu yn ddelfrydol amcan sy'n gysylltiedig â'r problemau y bydd y plant yn eu datrys ym mhrif ran y wers. Er enghraifft, os yw'r problemau yn gofyn i'r plant i adio a thynnu yna byddai'n ddefnyddiol treulio 10 munud cyntaf y wers yn atgyfnerthu bondiau adio a thynnu a'r eirfa angenrheidiol.

Y prif weithgaredd addysgu a gweithgaredd y disgybl

Mae'r llyfr hwn yn ceisio darparu'r holl daflenni gwaith y bydd ar athro eu hangen i gyflwyno'r rhan hon o'r wers yn llwyddiannus. Mae tudalen gyntaf pob gwers yn rhoi enghreifftiau o broblemau sydd angen eu datrys. Bydd yr athro'n defnyddio'r daflen ateb wag i fynd drwy'r enghreifftiau gyda'r dosbarth cyn cyflwyno'r dosbarth i'r cwestiynau y gallan nhw eu gwneud eu hunain. Dylai'r athro ddangos sut i ddatrys y broblem gan ddefnyddio'r sgiliau sy'n berthnasol i allu'r plant yn y dosbarth, er enghraifft defnyddio lluniau, cownteri a llinellau rhif.

Unwaith y bydd y plant wedi gweld nifer o enghreifftiau byddan nhw'n barod i roi cynnig ar ddatrys cwestiynau eu hunain. O fewn pob gwers mae dewis o dair taflen waith wedi'u gwahaniaethu. Mae'r cwestiynau ar y taflenni gwaith yr un fath ond mae lefel cymhlethdod mathemategol yn amrwyio. Mae hyn yn sicrhau bod y cwestiynau wedi'u gwahaniaethu yn unol â gallu mathemategol y plentyn yn unig. Bydd hefyd yn sicrhau y gall pob plentyn gymryd rhan yr un pryd pan yn mynd drwy'r cwestiynau yn y sesiwn gloi. Er enghraifft, mewn cwestiwn sy'n cynnwys adio tri rhif efallai bydd rhaid i blant adio tri rhif gwahanol ond pan fydd yr athro yn eu tywys drwy'r cwestiwn bydd y ffaith mai adio sydd angen ei wneud i ddatrys y broblem yn un bwysig fydd yn cael ei hatgyfnerthu. Os ydy'r plant yn ateb cwestiynau hollol wahanol yna pan mae'r athro'n mynd drwy'r cwestiynau yn y sesiwn gloi bydd yn rhaid i rai grwpiau o blant eistedd yn llonydd gan nad oedd y cwestiwn hwn ganddyn nhw ar eu taflen. Os yw'r athro'n teimlo y byddai rhai plant yn gweld budd o gael cwestiynau haws neu anos yna gallan nhw newid y rhifau ar y taflenni i rai sy'n fwy addas.

Y sesiwn gloi

Un o'r pethau pwysig mewn datrys problemau ydy trafod sut y gellir eu datrys ac mae'r sesiwn gloi yn benthyg ei hun i hyn yn dda iawn. Ar ôl i'r plant orffen y problemau gellir defnyddio'r sesiwn gloi i:

- drafod yr eirfa a ddefnyddiwyd yn y problemau
- trafod sut gellir mynd ati i ddatrys y broblem
- torri problem yn gamau llai
- rhestru'r gweithrediadau a'r cyfrifiadau ddefnyddiwyd i ddatrys y broblem
- trafod a oes mwy nag un ffordd i ddatrys y broblem
- trafod sut gellir gwirio'r atebion
- rhoi gwybod beth ydy'r atebion i nifer o'r cwestiynau.

Cefnogaeth

Er gwaethaf eu gallu mathemategol bydd llawer o blant yr oedran hwn yn ei gweld yn anodd i ddarllen y cwestiynau a deall yr eirfa. Dylid rhoi cefnogaeth i'r plant hynny sydd ei angen i ddarllen fel eu bod yn cael y cyfle i ymarfer eu sgiliau mathemategol.

Gwaith ymestynnol

Efallai bydd angen ymestyn ymhellach y plant hynny sy'n gweld y gwaith yn eithaf hawdd. Yn ogystal â rhoi'r cwestiynau mwy heriol iddyn nhw gellid gofyn iddyn nhw wneud cwestiynau eu hunain a fydd yn cynnwys yr un gweithrediadau.

Adnoddau

Byddai'n ddefnyddiol, ar gyfer rhai cwestiynau, gwneud yn siwr bod yr adnoddau canlynol ar gael i'r plant:

- Llinellau rhif hyd at 100
- Dewis o siapiau 2D a 3D
- Darnau arian gwahanol
- Clociau analog gyda bysedd sy'n symud.

Atebion

Rydyn ni wedi darparu atebion lle'n bosib, ond mae sawl ateb i rai o'r cwestiynau neu mae rhai sydd angen trafodaeth dosbarth. Mae rhai cwestiynau yn gofyn i'r plant ddangos eu dealltwriaeth drwy wneud stori gyda'r rhifau a nodir, ac mae eraill yn ddatganiadau lle mae angen i'r plant ddangos eu dealltwriaeth drwy roi enghraifft sy'n cefnogi'r ffaith.

Bydd rhaid i mi _____

Byddaf yn defnyddio _____ i'm helpu

Yr ateb ydy _____

Bydd rhaid i mi _____

Byddaf yn defnyddio _____ i'm helpu

Yr ateb ydy _____

Bydd rhaid i mi _____

Byddaf yn defnyddio _____ i'm helpu

Yr ateb ydy _____

Gellir llungopïo'r dudalen hon gan y sefydliad sy'n prynu yn unig.

www.brilliantpublications.co.uk

© Catherine Yemm **Datrys Problemau Mathemateg – Blwyddyn 4**

Datblygu ymresymu rhifyddol

Gweithgaredd dosbarth cyfan

Pa arwydd gweithrediad ydy * ?

84 * 4 = 21

Mae'r ysgol yn dechrau am 8.50 am. Aeth Caio at y deintydd a chyrraedd yr ysgol am 11.35 am. Pa mor hwyr oedd e?

Gwnewch stori rhif gyda'r rhifau hyn:

374 + 218 = 592

Gellir llungopio'r dudalen hon gan y sefydliad sy'n prynu yn unig.

Datrys Problemau Mathemateg – Blwyddyn 4
© Catherine Yemm

1.

Pan ddechreuodd Katy ym Mlwyddyn 3 roedd hi'n 1 metr a 6 centimetr o daldra. Ar ddiwedd Blwyddyn 4 mae hi'n 1 metr a 12 centimetr o daldra. Faint mae hi wedi tyfu?

Bydd rhaid i mi _____.

Byddaf yn defnyddio _____ i'm helpu. Yr ateb ydy _____

2.

Mae nain Amy yn gweu cardigan iddi ar gyfer ei phen-blwydd. Mae hi fel rheol yn treulio 1 awr y dydd yn gweu. Bydd hi'n cymryd pythefnos i weu y gardigan. Faint o oriau fydd hi'n ei dreulio'n ei gwneud?

Bydd rhaid i mi _____.

Byddaf yn defnyddio _____ i'm helpu. Yr ateb ydy _____

3.

Pa arwydd gweithrediad ydy * ?

66 * 3 = 22

Bydd rhaid i mi _____.

Byddaf yn defnyddio _____ i'm helpu. Yr ateb ydy_____

4.

Mae afalau yn costio 20c yr un ac eirin gwlanog yn 21c yr un. Mae Sophie yn prynu 3 o bob un. Faint o arian fydd ganddi ar ôl o £3?

Bydd rhaid i mi _____.

Byddaf yn defnyddio _____ i'm helpu. Yr ateb ydy_____

5.

Gwnewch stori rhif gyda:

3 x 15 = 45

6.

Mae Sam eisiau prynu bag 1kg o afalau. Mae pob afal yn pwyso tua 200g yr un. Faint o afalau ddylai fod yn ei fag?

Bydd rhaid i mi _____.

Byddaf yn defnyddio _____ i'm helpu. Yr ateb ydy_____

Gellir llungopïo'r dudalen hon gan y sefydliad sy'n prynu yn unig.

www.brilliantpublications.co.uk

© Catherine Yemm   **Datrys Problemau Mathemateg – Blwyddyn 4**   11

Gwers 1b

1. Pan ddechreuodd Katy ym Mlwyddyn 3 roedd hi'n 1 metr a 6 centimetr o daldra. Ar ddiwedd Blwyddyn 4 mae hi'n 1 metr a 14 centimetr o daldra. Faint mae hi wedi tyfu?

Bydd rhaid i mi _____.

Byddaf yn defnyddio _____ i'm helpu. Yr ateb ydy_____

2. Mae nain Amy yn gweu cardigan iddi ar gyfer ei phen-blwydd. Mae hi fel rheol yn treulio 2 awr y dydd yn gweu. Bydd hi'n cymryd pythefnos i weu y gardigan. Faint o oriau fydd hi'n ei dreulio'n ei gwneud?

Bydd rhaid i mi _____.

Byddaf yn defnyddio _____ i'm helpu. Yr ateb ydy_____

3. Pa arwydd gweithrediad ydy * ?

96 * 3 = 32

Bydd rhaid i mi _____.

Byddaf yn defnyddio _____ i'm helpu. Yr ateb ydy_____

4. Mae afalau yn costio 22c yr un ac eirin gwlanog yn 23c yr un. Mae Sophie yn prynu 3 o bob un. Faint o arian fydd ganddi ar ôl o £3?

Bydd rhaid i mi _____.

Byddaf yn defnyddio _____ i'm helpu. Yr ateb ydy_____

5. Gwnewch stori rhif gyda:

3 x 45 = 135

6. Mae Sam eisiau prynu bag 1kg o afalau. Mae pob afal yn pwyso tua 150g yr un. Faint o afalau ddylai fod yn ei fag?

Bydd rhaid i mi _____.

Byddaf yn defnyddio _____ i'm helpu. Yr ateb ydy_____

Gellir llungopïo'r dudalen hon gan y sefydliad sy'n prynu yn unig.

© Catherine Yemm

1.
Pan ddechreuodd Katy ym Mlwyddyn 3 roedd hi'n 1 metr a 6 centimetr o daldra. Ar ddiwedd Blwyddyn 4 mae hi'n 1 metr a 27 centimetr o daldra. Faint mae hi wedi tyfu?

Bydd rhaid i mi _____.

Byddaf yn defnyddio _____ i'm helpu. Yr ateb ydy _____

2.
Mae nain Amy yn gweu cardigan iddi ar gyfer ei phen-blwydd. Mae hi fel rheol yn treulio 3 awr y dydd yn gweu. Bydd hi'n cymryd pythefnos i weu y gardigan. Faint o oriau fydd hi'n ei dreulio'n ei gwneud?

Bydd rhaid i mi _____.

Byddaf yn defnyddio _____ i'm helpu. Yr ateb ydy _____

3.
Pa arwydd gweithrediad ydy *?

160 * 5 = 32

Bydd rhaid i mi _____.

Byddaf yn defnyddio _____ i'm helpu. Yr ateb ydy _____

4.
Mae afalau yn costio 42c yr un ac eirin gwlanog yn 33c yr un. Mae Sophie yn prynu 3 o bob un. Faint o arian fydd ganddi ar ôl o £5?

Bydd rhaid i mi _____.

Byddaf yn defnyddio _____ i'm helpu. Yr ateb ydy _____

5.
Gwnewch stori rhif gyda:

6 x 45 = 270

6.
Mae Sam eisiau prynu bag 1kg o afalau. Mae pob afal yn pwyso tua 75g yr un. Faint o afalau ddylai fod yn ei fag?

Bydd rhaid i mi _____.

Byddaf yn defnyddio _____ i'm helpu. Yr ateb ydy _____

Gellir llungopïo'r dudalen hon gan y sefydliad sy'n prynu yn unig.

www.brilliantpublications.co.uk

© Catherine Yemm

Datrys Problemau Mathemateg – Blwyddyn 4

13

Gwnewch stori rhif gyda:

108 – 96 = 12

Faint fyddai'n ei gostio i George brynu llyfr am £1.35 a phensil am £3.75?

I wneud cacen foron mae ar Dylan angen 125g o flawd plaen a dwywaith hynny o flawd cyflawn. Faint o flawd fydd yn y gacen i gyd?

www.brilliantpublications.co.uk   Gellir llungopïo'r dudalen hon gan y sefydliad sy'n prynu yn unig.

14   **Datrys Problemau Mathemateg – Blwyddyn 4**   © Catherine Yemm

1.

Mae Ela eisiau prynu 5 rhosyn i'w mam. Maen nhw'n costio £1.10 yr un. Faint o arian fydd arni ei angen?

Bydd rhaid i mi _____.

Byddaf yn defnyddio _____ i'm helpu. Yr ateb ydy _____

2.

Gwnewch stori rhif gyda:

$48 \div 4 = 12$

3.

Dechreuodd tîm pêl-rwyd yr ysgol chwarae eu gêm am 4.25 pm. Chwaraeon nhw am 10 munud ac yna cawson nhw 10 munud o egwyl. Yna fe newidion nhw ochr a chwarae am 10 munud arall. Faint o'r gloch orffennodd y gêm?

Bydd rhaid i mi _____.

Byddaf yn defnyddio _____ i'm helpu. Yr ateb ydy _____

4.

Mae eli haul ar gael mewn 3 potel o wahanol maint: potel 200ml, potel 300ml a photel 500ml. Pa boteli allwn ni eu dewis pe baem ni eisiau un litr o eli haul i fynd ar ein gwyliau?

Bydd rhaid i mi _____.

Byddaf yn defnyddio _____ i'm helpu. Yr ateb ydy _____

5.

Pa arwydd gweithrediad ydy *?

$64 * 2 = 32$

Bydd rhaid i mi _____.

Byddaf yn defnyddio _____ i'm helpu. Yr ateb ydy _____

6.

Mae hoff grŵp Rhian yn safle 50 yn y siartiau. Mae eu sengl newydd yn boblogaidd iawn ac maen nhw'n symud 20 lle i fyny'r siart yn yr wythnos gyntaf. Ym mha safle maen nhw nawr?

Bydd rhaid i mi _____.

Byddaf yn defnyddio _____ i'm helpu. Yr ateb ydy _____

Gellir llungopïo'r dudalen hon gan y sefydliad sy'n prynu yn unig.

www.brilliantpublications.co.uk

Gwers 2b

1. Mae Ela eisiau prynu 5 rhosyn i'w mam. Maen nhw'n costio £1.60 yr un. Faint o arian fydd arni ei angen?

Bydd rhaid i mi _____.

Byddaf yn defnyddio _____ i'm helpu. Yr ateb ydy_____

2. Gwnewch stori rhif gyda:

$72 \div 6 = 12$

3. Dechreuodd tîm pêl-rwyd yr ysgol chwarae eu gêm am 4.25 pm. Chwaraeon nhw am 15 munud ac yna cawson nhw 10 munud o egwyl. Yna fe newidion nhw ochr a chwarae am 15 munud arall. Faint o'r gloch orffennodd y gêm?

Bydd rhaid i mi _____.

Byddaf yn defnyddio _____ i'm helpu. Yr ateb ydy_____

4. Mae eli haul ar gael mewn 3 potel o wahanol maint: potel 200ml, potel 300ml a photel 400ml. Pa 3 potel allwn ni eu dewis pe baem ni eisiau un litr o eli haul i fynd ar ein gwyliau?

Bydd rhaid i mi _____.

Byddaf yn defnyddio _____ i'm helpu. Yr ateb ydy_____

5. Pa arwydd gweithrediad ydy *?

$96 * 3 = 32$

Bydd rhaid i mi _____.

Byddaf yn defnyddio _____ i'm helpu. Yr ateb ydy_____

6. Mae hoff grŵp Rhian yn safle 70 yn y siartiau. Mae eu sengl newydd yn boblogaidd iawn ac maen nhw'n symud 25 lle i fyny'r siart yn yr wythnos gyntaf. Ym mha safle maen nhw nawr?

Bydd rhaid i mi _____.

Byddaf yn defnyddio _____ i'm helpu. Yr ateb ydy_____

Gellir llungopio'r dudalen hon gan y sefydliad sy'n prynu yn unig.

1.

Mae Ela eisiau prynu 5 rhosyn i'w mam. Maen nhw'n costio £1.79 yr un. Faint o arian fydd arni ei angen?

Bydd rhaid i mi _____.

Byddaf yn defnyddio _____ i'm helpu. Yr ateb ydy _____

2.

Gwnewch stori rhif gyda:

108 ÷ 9 = 12

3.

Dechreuodd tîm pêl-rwyd yr ysgol chwarae eu gêm am 4.25 pm. Chwaraeon nhw am 25 munud ac yna cawson nhw 10 munud o egwyl. Yna fe newidion nhw ochr a chwarae am 25 munud arall. Faint o'r gloch orffennodd y gêm?

Bydd rhaid i mi _____.

Byddaf yn defnyddio _____ i'm helpu. Yr ateb ydy_____

4.

Mae eli haul ar gael mewn 3 potel o wahanol maint: potel 200ml, potel 300ml a photel 400ml. Pa 6 potel allwn ni eu dewis pe baem ni eisiau 2 litr o eli haul i fynd ar ein gwyliau.

Bydd rhaid i mi _____.

Byddaf yn defnyddio _____ i'm helpu. Yr ateb ydy_____

5.

Pa arwydd gweithrediad ydy *?

224 * 7 = 32

Bydd rhaid i mi _____.

Byddaf yn defnyddio _____ i'm helpu. Yr ateb ydy_____

6.

Mae hoff grŵp Rhian yn safle 88 yn y siartiau. Mae eu sengl newydd yn boblogaidd iawn ac maen nhw'n symud 49 lle i fyny'r siart yn yr wythnos gyntaf. Ym mha safle maen nhw nawr?

Bydd rhaid i mi _____.

Byddaf yn defnyddio _____ i'm helpu. Yr ateb ydy_____

Gellir llungopïo'r dudalen hon gan y sefydliad sy'n prynu yn unig.

© Catherine Yemm **Datrys Problemau Mathemateg – Blwyddyn 4**

Gweithgaredd dosbarth cyfan

Pa arwydd gweithrediad ydy *?

94 * 36 = 58

Mae Jac ac Edward yn chwarae parau gyda set o gardiau. Ar ddiwedd y gêm mae gan Edward 12 pâr o gardiau ac mae Jac wedi ennill o 5 pâr. Faint o gardiau sydd gan Jac yn ei ddwylo?

Mae'r teulu Jones yn teithio i'r Alban ar eu gwyliau. Byddan nhw'n gyrru 64 milltir i'r maes awyr ac yna'n hedfan 134 milltir i'r Alban. Sawl milltir fyddan nhw wedi'i deithio erbyn iddyn nhw ddod adref?

Gellir llungopio'r dudalen hon gan y sefydliad sy'n prynu yn unig.
© Catherine Yemm

1.

Mae Megan wedi plannu hadyn blodyn yr haul yn yr ardd. Mae'r blodyn yn tyfu 2 centimetr bob dydd. Sawl centimetr fydd e wedi tyfu mewn pythefnos?

Bydd rhaid i mi _____.

Byddaf yn defnyddio _____ i'm helpu. Yr ateb ydy _____

2.

Mae pensiliau coch yn dod mewn bocsys o 6. Mae ar Mrs Hughes, yr athrawes, angen prynu un pensil i bob plentyn yn ei dosbarth. Mae 24 o blant yn ei dosbarth. Sawl bocs o bensiliau fydd rhaid iddi eu prynu?

Bydd rhaid i mi _____.

Byddaf yn defnyddio _____ i'm helpu. Yr ateb ydy _____

3.

Gwnewch stori rhif gyda:

$45 \div 5 = 9$

4.

Pa arwydd gweithrediad ydy *?

$42 * 67 = 109$

Bydd rhaid i mi _____.

Byddaf yn defnyddio _____ i'm helpu. Yr ateb ydy_____

5.

Mae Harri wedi bod yn cynilo ei arian poced i brynu oriawr newydd. Mae'r oriawr mae e'n ei hoffi yn costio £10.00. Mae'n cael £1.50 yr wythnos. Am faint o wythnosau fydd rhaid iddo gynilo ei arian?

Bydd rhaid i mi _____.

Byddaf yn defnyddio _____ i'm helpu. Yr ateb ydy_____

6.

Mae gan Mr Jones un ardd lysiau sy'n 3 metr o hyd a 2 metr o led, ac un arall sy'n 1 metr o hyd a 5 metr o led. Pa un ydy'r mwyaf?

Bydd rhaid i mi _____.

Byddaf yn defnyddio _____ i'm helpu. Yr ateb ydy_____

Gellir llungopïo'r dudalen hon gan y sefydliad sy'n prynu yn unig.

www.brilliantpublications.co.uk

© Catherine Yemm **Datrys Problemau Mathemateg – Blwyddyn 4** 19

Datblygu ymresymu rhifyddol

1. Mae Megan wedi plannu hadyn blodyn yr haul yn yr ardd. Mae'r blodyn yn tyfu 3 centimetr bob dydd. Sawl centimetr fydd e wedi tyfu mewn pythefnos?

Bydd rhaid i mi _____.
Byddaf yn defnyddio _____ i'm helpu. Yr ateb ydy_____

2. Mae pensiliau coch yn dod mewn bocsys o 6. Mae ar Mrs Hughes, yr athrawes, angen prynu un pensil i bob plentyn yn ei dosbarth. Mae 38 o blant yn ei dosbarth. Sawl bocs o bensiliau fydd rhaid iddi eu prynu?

Bydd rhaid i mi _____.
Byddaf yn defnyddio _____ i'm helpu. Yr ateb ydy_____

3. Gwnewch stori rhif gyda:

65 ÷ 5 = 13

4. Pa arwydd gweithrediad ydy * ?

124 * 67 = 191

Bydd rhaid i mi _____.
Byddaf yn defnyddio _____ i'm helpu. Yr ateb ydy_____

5. Mae Harri wedi bod yn cynilo ei arian poced i brynu oriawr newydd. Mae'r oriawr mae e'n ei hoffi yn costio £10.00. Mae'n cael £1.20 yr wythnos. Am faint o wythnosau fydd rhaid iddo gynilo ei arian?

Bydd rhaid i mi _____.
Byddaf yn defnyddio _____ i'm helpu. Yr ateb ydy_____

6. Mae gan Mr Jones un ardd lysiau sy'n 6 metr o hyd a 4 metr o led, ac un arall sy'n 5 metr o hyd a 5 metr o led. Pa un ydy'r mwyaf?

Bydd rhaid i mi _____.
Byddaf yn defnyddio _____ i'm helpu. Yr ateb ydy_____

Gellir llungopïo'r dudalen hon gan y sefydliad sy'n prynu yn unig.
Datrys Problemau Mathemateg – Blwyddyn 4 © Catherine Yemm

1.

Mae Megan wedi plannu hadyn blodyn yr haul yn yr ardd. Mae'r blodyn yn tyfu 6 centimetr bob dydd. Sawl centimetr fydd e wedi tyfu mewn pythefnos?

Bydd rhaid i mi _____.

Byddaf yn defnyddio _____ i'm helpu. Yr ateb ydy _____

2.

Mae pensiliau coch yn dod mewn bocsys o 6. Mae ar Mrs Hughes, yr athrawes, angen prynu un pensil i bob plentyn yn ei dosbarth. Mae 57 o blant yn ei dosbarth. Sawl bocs o bensiliau fydd rhaid iddi eu prynu?

Bydd rhaid i mi _____.

Byddaf yn defnyddio _____ i'm helpu. Yr ateb ydy _____

3.

Gwnewch stori rhif gyda:

165 ÷ 5 = 33

4.

Pa arwydd gweithrediad ydy *?

124 * 98 = 222

Bydd rhaid i mi _____.

Byddaf yn defnyddio _____ i'm helpu. Yr ateb ydy _____

5.

Mae Harri wedi bod yn cynilo ei arian poced i brynu oriawr newydd. Mae'r oriawr mae e'n ei hoffi yn costio £10.00. Mae'n cael £0.85 yr wythnos. Am faint o wythnosau fydd rhaid iddo gynilo ei arian?

Bydd rhaid i mi _____.

Byddaf yn defnyddio _____ i'm helpu. Yr ateb ydy _____

6.

Mae gan Mr Jones un ardd lysiau sy'n 7 metr o hyd a 4 metr o led, ac un arall sy'n 6 metr o hyd a 5 metr o led. Pa un ydy'r mwyaf?

Bydd rhaid i mi _____.

Byddaf yn defnyddio _____ i'm helpu. Yr ateb ydy _____

Gellir llungopïo'r dudalen hon gan y sefydliad sy'n prynu yn unig.

Datblygu ymresymu rhifyddol

Gweithgaredd dosbarth cyfan

Mae potel yn dal 2 litr o lemonêd. Mae cwpanau plastig yn dal 125ml o lemonêd. Sawl cwpanaid o lemonêd allwn ni eu cael o un botel?

Gwnewch stori rhif gyda'r rhifau isod:

80 x 6 = 480

Mae tad Jessica yn berchen ar gae o geffylau. Mae ar bob un ceffyl angen pedolau newydd. Mae'r gof yn gosod 32 o esgidiau newydd. Sawl ceffyl sydd gan dad Jessica yn y cae?

Gellir llungopïo'r dudalen hon gan y sefydliad sy'n prynu yn unig.
© Catherine Yemm

1.

Mae Huw ac Ifan yn mynd ar wyliau. Gyda'i gilydd mae eu cesys yn pwyso 5kg. Os ydy cês Huw yn pwyso 2400g faint mae cês Ifan yn ei bwyso?

Bydd rhaid i mi _____.
Byddaf yn defnyddio _____ i'm helpu. Yr ateb ydy _____

2.

Pa arwydd gweithrediad ydy *?

30 * 4 = 120

Bydd rhaid i mi _____.
Byddaf yn defnyddio _____ i'm helpu. Yr ateb ydy _____

3.

Gwagiodd Elis ei gadw-mi-gei ac ynddo roedd y darnau arian hyn: dau ddarn 50c, pedwar darn £1, dau ddarn 20c, pum darn 10c, a dau ddarn 5c. Faint o arian oedd e wedi'i gynilo?

Bydd rhaid i mi _____.
Byddaf yn defnyddio _____ i'm helpu. Yr ateb ydy _____

4.

Dechreuodd Siôn ymarfer y piano am 4.45 pm. Fe wnaeth ymarfer am 30 munud. Faint o'r gloch wnaeth e orffen?

Bydd rhaid i mi _____.
Byddaf yn defnyddio _____ i'm helpu. Yr ateb ydy _____

5.

Gwnewch stori rhif gyda:

82 + 132 = 214

6.

Mae Tomi yn cyfri'r llyfrau yn llyfrgell yr ysgol. Mae'r llyfrau mewn pentyrrau. Mae'n gallu gweld 4 pentwr o 5 llyfr a 3 pentwr o 6 llyfr. Faint o lyfrau sydd yna i gyd?

Bydd rhaid i mi _____.
Byddaf yn defnyddio _____ i'm helpu. Yr ateb ydy _____

Gellir llungopïo'r dudalen hon gan y sefydliad sy'n prynu yn unig.

Gwers 4b

1. Mae Huw ac Ifan yn mynd ar wyliau. Gyda'i gilydd mae eu cesys yn pwyso 5kg. Os ydy cês Huw yn pwyso 2950g faint mae cês Ifan yn ei bwyso?

Bydd rhaid i mi _____.
Byddaf yn defnyddio _____ i'm helpu. Yr ateb ydy_____

2. Pa arwydd gweithrediad ydy *?

45 * 4 = 180

Bydd rhaid i mi _____.
Byddaf yn defnyddio _____ i'm helpu. Yr ateb ydy_____

3. Gwagiodd Elis ei gadw-mi-gei ac ynddo roedd y darnau arian hyn: tri darn 50c, chwe darn £1, pedwar darn 20c, saith darn 10c, a thri darn 5c. Faint o arian oedd e wedi'i gynilo?

Bydd rhaid i mi _____.
Byddaf yn defnyddio _____ i'm helpu. Yr ateb ydy_____

4. Dechreuodd Siôn ymarfer y piano am 4.45 pm. Fe wnaeth ymarfer am 55 munud. Faint o'r gloch wnaeth e orffen?

Bydd rhaid i mi _____.
Byddaf yn defnyddio _____ i'm helpu. Yr ateb ydy_____

5. Gwnewch stori rhif gyda:

212 + 313 = 525

6. Mae Tomi yn cyfri'r llyfrau yn llyfrgell yr ysgol. Mae'r llyfrau mewn pentyrrau. Mae'n gallu gweld 8 pentwr o 5 llyfr a 6 pentwr o 6 llyfr. Faint o lyfrau sydd yna i gyd?

Bydd rhaid i mi _____.
Byddaf yn defnyddio _____ i'm helpu. Yr ateb ydy_____

www.brilliantpublications.co.uk   Gellir llungopio'r dudalen hon gan y sefydliad sy'n prynu yn unig.

24   **Datrys Problemau Mathemateg – Blwyddyn 4**   © Catherine Yemm

1.

Mae Huw ac Ifan yn mynd ar wyliau. Gyda'i gilydd mae eu cesys yn pwyso 10kg. Os ydy cês Huw yn pwyso 4950g faint mae cês Ifan yn ei bwyso?

Bydd rhaid i mi _____.

Byddaf yn defnyddio _____ i'm helpu. Yr ateb ydy _____

2.

Pa arwydd gweithrediad sydd ar goll?

85 * 4 = 340

Bydd rhaid i mi _____.

Byddaf yn defnyddio _____ i'm helpu. Yr ateb ydy _____

3.

Gwagiodd Elis ei gadw-mi-gei ac ynddo roedd y darnau arian hyn: pum darn 50c, wyth darn £1, chwe darn 20c, wyth darn 10c, a thri darn 5c. Faint o arian oedd e wedi'i gynilo?

Bydd rhaid i mi _____.

Byddaf yn defnyddio _____ i'm helpu. Yr ateb ydy _____

4.

Dechreuodd Siôn ymarfer y piano am 4.45 pm. Fe wnaeth ymarfer am 75 munud. Faint o'r gloch wnaeth e orffen?

Bydd rhaid i mi _____.

Byddaf yn defnyddio _____ i'm helpu. Yr ateb ydy _____

5.

Gwnewch stori rhif gyda:

282 + 343 = 625

6.

Mae Tomi yn cyfri'r llyfrau yn llyfrgell yr ysgol. Mae'r llyfrau mewn pentyrrau. Mae'n gallu gweld 12 pentwr o 5 llyfr a 8 pentwr o 6 llyfr. Faint o lyfrau sydd yna i gyd?

Bydd rhaid i mi _____.

Byddaf yn defnyddio _____ i'm helpu. Yr ateb ydy _____

Gellir llungopïo'r dudalen hon gan y sefydliad sy'n prynu yn unig.

www.brilliantpublications.co.uk

© Catherine Yemm

Datrys Problemau Mathemateg – Blwyddyn 4

25

Datblygu ymresymu rhifyddol

Gweithgaredd dosbarth cyfan

Mae brawd bach Gweni yn codi am 6 o'r gloch y bore. Mae'n cysgu o 12 y prynhawn tan 1:30 pm ac yna'n mynd i'r gwely am 7:15 pm. Am faint o amser mae wedi bod yn effro yn ystod y dydd?

Pa arwydd gweithrediad ydy *?

54 * 2 = 27

Mae gan Julie £6.34 yn ei phwrs. Mae'n gwario hanner ei harian ar gylchgrawn wythnosol. Faint o arian oedd ganddi ar ôl yn ei phwrs?

Gellir llungopïo'r dudalen hon gan y sefydliad sy'n prynu yn unig.

© Catherine Yemm

1.

Pa arwydd gweithrediad ydy *?

54 * 6 = 9

Bydd rhaid i mi _____.

Byddaf yn defnyddio _____ i'm helpu. Yr ateb ydy _____

2.

Mae mam Rheon yn llenwi ei bwll nofio gyda 40 litr o ddŵr oer. Yna mae'n ychwanegu 15 litr o ddŵr cynnes. Yn nes ymlaen dim ond 43 litr o ddŵr sydd ar ôl. Faint o ddŵr sydd wedi gollwng o'r pwll?

Bydd rhaid i mi _____.

Byddaf yn defnyddio _____ i'm helpu. Yr ateb ydy _____

3.

Gwnewch stori rhif gyda:

8 x 8 = 64

4.

Mae Jacob wedi bod yn ymarfer troelli ar ei sglefrfwrdd newydd. Ar hyn o bryd dim ond $1/4$ y ffordd o gwmpas mae'n gallu troelli. Sawl gradd mae'n gallu troelli?

Bydd rhaid i mi _____.

Byddaf yn defnyddio _____ i'm helpu. Yr ateb ydy_____

5.

Enillodd mam £8.40 mewn cystadleuaeth croesair. Penderfynodd ei rannu rhwng ei 4 plentyn. Faint gawson nhw yr un?

Bydd rhaid i mi _____.

Byddaf yn defnyddio _____ i'm helpu. Yr ateb ydy_____

6.

Mae ar Mr Richards, y pennaeth, angen rhoi ffens newydd o gwmpas yr ysgol. Mae gan yr hen ffens ddwy ochr sydd yn 20 metr o hyd a dwy ochr sydd yn ddwywaith hynny mewn hyd. Sawl metr o ffens fydd arno ei angen?

Bydd rhaid i mi _____.

Byddaf yn defnyddio _____ i'm helpu. Yr ateb ydy_____

Gellir llungopïo'r dudalen hon gan y sefydliad sy'n prynu yn unig.

www.brilliantpublications.co.uk

© Catherine Yemm

Datrys Problemau Mathemateg – Blwyddyn 4   27

Datblygu ymresymu rhifyddol

1. Pa arwydd gweithrediad ydy *?

   108 * 6 = 18

   Bydd rhaid i mi _____.
   Byddaf yn defnyddio _____ i'm helpu. Yr ateb ydy_____

2. Mae mam Rheon yn llenwi ei bwll nofio gyda 60 litr o ddŵr oer. Yna mae'n ychwanegu 35 litr o ddŵr cynnes. Yn nes ymlaen dim ond 83 litr o ddŵr sydd ar ôl. Faint o ddŵr sydd wedi gollwng o'r pwll?

   Bydd rhaid i mi _____.
   Byddaf yn defnyddio _____ i'm helpu. Yr ateb ydy_____

3. Gwnewch stori rhif gyda:

   13 x 8 = 104

4. Mae Jacob wedi bod yn ymarfer troelli ar ei sglefrfwrdd newydd. Ar hyn o bryd dim ond $\frac{1}{2}$ y ffordd o gwmpas mae'n gallu troelli. Sawl gradd mae'n gallu troelli?

   Bydd rhaid i mi _____.
   Byddaf yn defnyddio _____ i'm helpu. Yr ateb ydy_____

5. Enillodd mam £12.80 mewn cystadleuaeth croesair. Penderfynodd ei rannu rhwng ei 4 plentyn. Faint gawson nhw yr un?

   Bydd rhaid i mi _____.
   Byddaf yn defnyddio _____ i'm helpu. Yr ateb ydy_____

6. Mae ar Mr Richards, y pennaeth, angen rhoi ffens newydd o gwmpas yr ysgol. Mae gan yr hen ffens ddwy ochr sydd yn 35 metr o hyd a dwy ochr sydd yn ddwywaith hynny mewn hyd. Sawl metr o ffens fydd arno ei angen?

   Bydd rhaid i mi _____.
   Byddaf yn defnyddio _____ i'm helpu. Yr ateb ydy_____

Gellir llungopio'r dudalen hon gan y sefydliad sy'n prynu yn unig.
© Catherine Yemm

1. Pa arwydd gweithrediad ydy *?

   144 * 6 = 24

   Bydd rhaid i mi _____.

   Byddaf yn defnyddio _____ i'm helpu. Yr ateb ydy _____

2. Mae mam Rheon yn llenwi ei bwll nofio gyda 80 litr o ddŵr oer. Yna mae'n ychwanegu 55 litr o ddŵr cynnes. Yn nes ymlaen dim ond 93 litr o ddŵr sydd ar ôl. Faint o ddŵr sydd wedi gollwng o'r pwll?

   Bydd rhaid i mi _____.

   Byddaf yn defnyddio _____ i'm helpu. Yr ateb ydy _____

3. Gwnewch stori rhif gyda:

   18 x 8 = 144

4. Mae Jacob wedi bod yn ymarfer troelli ar ei sglefrfwrdd newydd. Ar hyn o bryd dim ond $2/5$ y ffordd o gwmpas mae'n gallu troelli. Sawl gradd mae'n gallu troelli?

   Bydd rhaid i mi _____.

   Byddaf yn defnyddio _____ i'm helpu. Yr ateb ydy _____

5. Enillodd mam £19.60 mewn cystadleuaeth croesair. Penderfynodd ei rannu rhwng ei 4 plentyn. Faint gawson nhw yr un?

   Bydd rhaid i mi _____.

   Byddaf yn defnyddio _____ i'm helpu. Yr ateb ydy _____

6. Mae ar Mr Richards, y pennaeth, angen rhoi ffens newydd o gwmpas yr ysgol. Mae gan yr hen ffens ddwy ochr sydd yn 45 metr o hyd a dwy ochr sydd yn ddwywaith hynny mewn hyd. Sawl metr o ffens fydd arno ei angen?

   Bydd rhaid i mi _____.

   Byddaf yn defnyddio _____ i'm helpu. Yr ateb ydy _____

Gellir llungopïo'r dudalen hon gan y sefydliad sy'n prynu yn unig.

© Catherine Yemm

www.brilliantpublications.co.uk

Datblygu ymresymu rhifyddol

Gweithgaredd dosbarth cyfan

Mae Seren a Ffion yn bwriadu cymryd rhan mewn ras elusen. Mae eu hathro wedi addo eu noddi 15c am bob metr maen nhw'n ei redeg. Mae'r ras yn 100 metr. Faint o arian wnaiff eu hathro ei roi iddyn nhw os ydyn nhw'n rhedeg yr holl ffordd?

Gwnewch stori rhif gyda:

156 − 117 = 39

Mae gwersi nofio Caradog ar y dydd Mawrth cyntaf a'r trydydd dydd Mawrth o bob mis. Os ydy'r wers gyntaf ar 5ed o Fai pryd mae ei wers nesaf?

www.brilliantpublications.co.uk   Gellir llungopio'r dudalen hon gan y sefydliad sy'n prynu yn unig.

30   **Datrys Problemau Mathemateg – Blwyddyn 4**   © Catherine Yemm

1. Mae Leah yn helpu ysgrifenyddes yr ysgol i ludo stampiau ar amlenni. Mae'r stampiau yn dod mewn stribedi o 50. Mae ganddi 32 stamp ar ôl. Faint mae hi wedi'u gludo hyd yma?

Bydd rhaid i mi _____.

Byddaf yn defnyddio _____ i'm helpu. Yr ateb ydy _____

2. Gwnewch stori rhif gyda:

85 ÷ 5 = 17

3. Mae'r drws i neuadd yr ysgol yn 112cm o led. Mae piano'r ysgol yn 138cm o led. Faint yn lletach ydy'r piano?

Bydd rhaid i mi _____.

Byddaf yn defnyddio _____ i'm helpu. Yr ateb ydy_____

4. Mae tocynnau i'r amgueddfa yn costio £2.20 i oedolion a £1.60 i blant. Faint fydd hi'n ei gostio i Dafydd a'i fam a'i dad i fynd yno?

Bydd rhaid i mi _____.

Byddaf yn defnyddio _____ i'm helpu. Yr ateb ydy_____

5. Torrodd Lleucu ei gwallt ar 15fed o Hydref. Aeth yn ôl i'r siop wallt dair wythnos wedyn i'w dwtio. Beth oedd y dyddiad pan aeth yno yr ail dro?

Bydd rhaid i mi _____.

Byddaf yn defnyddio _____ i'm helpu. Yr ateb ydy_____

6. Pa arwydd gweithrediad ydy *?

89 * 64 = 25

Bydd rhaid i mi _____.

Byddaf yn defnyddio _____ i'm helpu. Yr ateb ydy_____

Gellir llungopïo'r dudalen hon gan y sefydliad sy'n prynu yn unig.

© Catherine Yemm **Datrys Problemau Mathemateg – Blwyddyn 4**

Gwers 6b

1. Mae Leah yn helpu ysgrifenyddes yr ysgol i ludo stampiau ar amlenni. Mae'r stampiau yn dod mewn stribedi o 100. Mae ganddi 32 stamp ar ôl. Faint mae hi wedi'u gludo hyd yma?

Bydd rhaid i mi _____.

Byddaf yn defnyddio _____ i'm helpu. Yr ateb ydy_____

2. Gwnewch stori rhif gyda:

$115 \div 5 = 23$

3. Mae'r drws i neuadd yr ysgol yn 123cm o led. Mae piano'r ysgol yn 184cm o led. Faint yn lletach ydy'r piano?

Bydd rhaid i mi _____.

Byddaf yn defnyddio _____ i'm helpu. Yr ateb ydy_____

4. Mae tocynnau i'r amgueddfa yn costio £2.20 i oedolion a £1.60 i blant. Faint fydd hi'n ei gostio i Dafydd, ei fam a'i dad a'i 2 chwaer i fynd yno?

Bydd rhaid i mi _____.

Byddaf yn defnyddio _____ i'm helpu. Yr ateb ydy_____

5. Torrodd Lleucu ei gwallt ar 15fed o Hydref. Aeth yn ôl i'r siop wallt bump wythnos wedyn i'w dwtio. Beth oedd y dyddiad pan aeth yno yr ail dro?

Bydd rhaid i mi _____.

Byddaf yn defnyddio _____ i'm helpu. Yr ateb ydy_____

6. Pa arwydd gweithrediad ydy *?

$109 * 84 = 25$

Bydd rhaid i mi _____.

Byddaf yn defnyddio _____ i'm helpu. Yr ateb ydy_____

Gellir llungopïo'r dudalen hon gan y sefydliad sy'n prynu yn unig.

© Catherine Yemm

1. Mae Leah yn helpu ysgrifenyddes yr ysgol i ludo stampiau ar amlenni. Mae'r stampiau yn dod mewn stribedi o 200. Mae ganddi 61 stamp ar ôl. Faint mae hi wedi'u gludo hyd yma?

   Bydd rhaid i mi _____.
   Byddaf yn defnyddio _____ i'm helpu. Yr ateb ydy _____

2. Gwnewch stori rhif gyda:

   $215 \div 5 = 43$

3. Mae'r drws i neuadd yr ysgol yn 123cm o led. Mae piano'r ysgol yn 247cm o led. Faint yn lletach ydy'r piano?

   Bydd rhaid i mi _____.
   Byddaf yn defnyddio _____ i'm helpu. Yr ateb ydy_____

4. Mae tocynnau i'r amgueddfa yn costio £2.35 i oedolion a £1.85 i blant. Faint fydd hi'n ei gostio i Dafydd, ei fam a'i dad a'i 2 chwaer i fynd yno?

   Bydd rhaid i mi _____.
   Byddaf yn defnyddio _____ i'm helpu. Yr ateb ydy_____

5. Torrodd Lleucu ei gwallt ar 15fed o Hydref. Aeth yn ôl i'r siop wallt saith wythnos wedyn i'w dwtio. Beth oedd y dyddiad pan aeth yno yr ail dro?

   Bydd rhaid i mi _____.
   Byddaf yn defnyddio _____ i'm helpu. Yr ateb ydy_____

6. Pa arwydd gweithrediad ydy *?

   $127 * 84 = 43$

   Bydd rhaid i mi _____.
   Byddaf yn defnyddio _____ i'm helpu. Yr ateb ydy_____

Datblygu ymresymu rhifyddol : Adnabod prosesau a chysylltiadau

Gweithgaredd dosbarth cyfan

Sut allwn ni wneud trapesiwm gyda phetryal o bapur ac un toriad?

Mae gennych 100 o giwbiau. Gwnewch giwboid. Faint o giwbiau o hyd, o led ac o uchder all e fod?

Sawl sgwâr sydd yn y llun hwn?

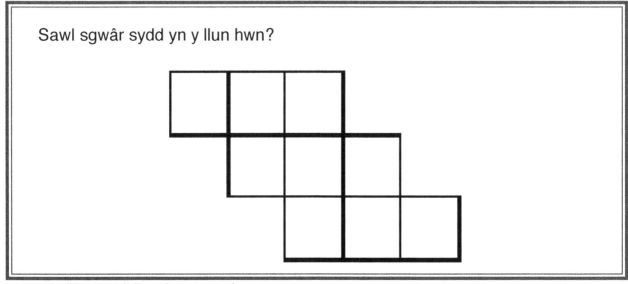

1. Pa un sydd â'r mwyaf o onglau sgwâr – ciwb neu byramid gwaelod sgwâr?

2. Gwnewch dŵr gyda 3 ciwb a phyramid gwaelod sgwâr. Sawl wyneb sydd gan y siâp newydd?

3. Os ydych chi'n torri silindr yn ei hanner pa siapiau sydd gennych chi nawr?

4. Os ydy un ochr o driongl hafalochrog yn 4cm o hyd, pa mor hir ydy perimedr y siâp?

5. Lluniwch unrhyw linellau cymesuredd welwch chi yn y gair hwn:

MAM

6. Enwch un siâp 3D sydd heb fertigau.

Gellir llungopïo'r dudalen hon gan y sefydliad sy'n prynu yn unig.
© Catherine Yemm

Gwers 1b

1. Pa un sydd â'r mwyaf o onglau sgwâr – ciwb neu giwboid?

....

2. Gwnewch dŵr gyda 5 ciwb a phyramid gwaelod sgwâr. Sawl wyneb sydd gan y siâp newydd?

....

3. Os ydych chi'n torri prism triongl yn ei hanner pa siapiau sydd gennych chi nawr?

....

4. Os ydy un ochr o bedrochr rheolaidd yn 12cm o hyd, pa mor hir ydy perimedr y siâp?

....

5. Lluniwch unrhyw linellau cymesuredd welwch chi yn y gair hwn:

HAM

....

6. Enwch ddau siâp 3D gwahanol sydd heb fertigau.

www.brilliantpublications.co.uk
Gellir llungopïo'r dudalen hon gan y sefydliad sy'n prynu yn unig.

36   **Datrys Problemau Mathemateg – Blwyddyn 4**   © Catherine Yemm

1. Pa un sydd â'r mwyaf o onglau sgwâr – ciwb neu brism pentagonol rheolaidd?

2. Gwnewch dŵr gyda 8 ciwb a phyramid gwaelod sgwâr. Sawl wyneb sydd gan y siâp newydd?

3. Os ydych chi'n torri sffêr yn ei hanner pa siapiau sydd gennych chi nawr?

4. Os ydy un ochr o hecsagon rheolaidd yn 12cm o hyd, pa mor hir ydy perimedr y siâp?

5. Lluniwch unrhyw linellau cymesuredd welwch chi yn y gair hwn:

OXO

6. Enwch dri siâp 3D gwahanol sydd heb fertigau.

Gellir llungopïo'r dudalen hon gan y sefydliad sy'n prynu yn unig.

www.brilliantpublications.co.uk

© Catherine Yemm **Datrys Problemau Mathemateg – Blwyddyn 4** 37

Esboniwch sut fyddech chi'n cyfrifo:

33 + 47

Dewch o hyd i dri rhif dilynol sydd yn adio i 45.

Ysgrifennwch enghreifftiau sy'n cydfynd â'r datganiad hwn:

Mae swm tri eilrif bob amser yn eilrif.

Gellir llungopïo'r dudalen hon gan y sefydliad sy'n prynu yn unig.

© Catherine Yemm

1. Esboniwch sut mae dod o hyd i faint o eiliadau sydd mewn 2 funud.

2. Esboniwch sut fyddech chi'n cyfrifo:

   85 − 28

3. Mae lluosrifau o 4 yn gorffen gydag eilrif.

4. Pa bedwar o'r rhifau hyn sydd yn ffitio yn y dilyniant rhif hwn, 8, 3, 9, 5, 2?

   ** − ** = 26

5. Esboniwch sut fyddech chi'n cyfrifo:

   104 + 185

6. Perimedr sgwâr ydy hyd + hyd + hyd + hyd.

Gellir llungopio'r dudalen hon gan y sefydliad sy'n prynu yn unig.

© Catherine Yemm

www.brilliantpublications.co.uk

Datrys Problemau Mathemateg – Blwyddyn 4   39

Datblygu ymresymu rhifyddol : Adnabod prosesau a chysylltiadau

1. Esboniwch sut mae dod o hyd i faint o eiliadau sydd mewn 5 munud.

2. Esboniwch sut fyddech chi'n cyfrifo:

   175 − 138

3. Mae lluosrifau o 6 yn gorffen gydag eilrif.

4. Pa bedwar o'r rhifau hyn sydd yn ffitio yn y dilyniant rhif hwn, 8, 1, 7, 5, 2?

   ** − ** = 46

5. Esboniwch sut fyddech chi'n cyfrifo:

   104 + 285

6. Mae perimedr sgwâr yn bedair gwaith hyd un ochr.

Gellir llungopïo'r dudalen hon gan y sefydliad sy'n prynu yn unig.

Datrys Problemau Mathemateg – Blwyddyn 4 © Catherine Yemm

Gwers
2C

1. Esboniwch sut mae dod o hyd i faint o eiliadau sydd mewn unrhyw nifer o funudau.

2. Esboniwch sut fyddech chi'n cyfrifo:

   275 – 138

3. Mae lluosrifau o 8 yn gorffen gydag eilrif.

4. Pa bump o'r rhifau hyn sydd yn ffitio yn y dilyniant rhif hwn, 2, 9, 1, 7, 5, 2?

   *** – ** = 146

5. Esboniwch sut fyddech chi'n cyfrifo hwn:

   204 + 285

6. Mae perimedr petryal ddwywaith yn fwy na hyd un ochr a dwywaith yn fwy na hyd yr ochr arall.

Gellir llungopio'r dudalen hon gan y sefydliad sy'n prynu yn unig.

Datblygu ymresymu rhifyddol : Adnabod prosesau a chysylltiadau

Gweithgaredd dosbarth cyfan

Sawl triongl sydd yn y diagram hwn?

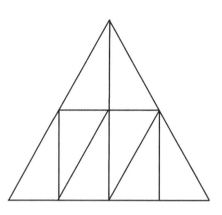

Sawl ciwb fyddech chi eu hangen i wneud ciwboid sydd yn 2 giwb o led, 4 ciwb o uchder ac 8 ciwb o hyd?

Pa siâp newydd allwch chi ei greu gyda phetryal a dau driongl?

www.brilliantpublications.co.uk   Gellir llungopïo'r dudalen hon gan y sefydliad sy'n prynu yn unig.

42   **Datrys Problemau Mathemateg – Blwyddyn 4**   © Catherine Yemm

1. Lluniwch ddau sgwâr ochr yn ochr. Lluniwch y llinellau cymesuredd. Sawl un sydd yna?

2. Oes gan rwyd ciwb fwy o wynebau na rhwyd ciwboid?

3. Oes gan y llythyren **I** fwy o linellau cymesuredd na'r llythyren **T**?

4. Sawl petryal gwahanol allwch chi eu gwneud gyda 8 ciwb?

5. Ydy hi'n bosib newid darn o bapur sgwâr i'r siâp hwn gydag un toriad?

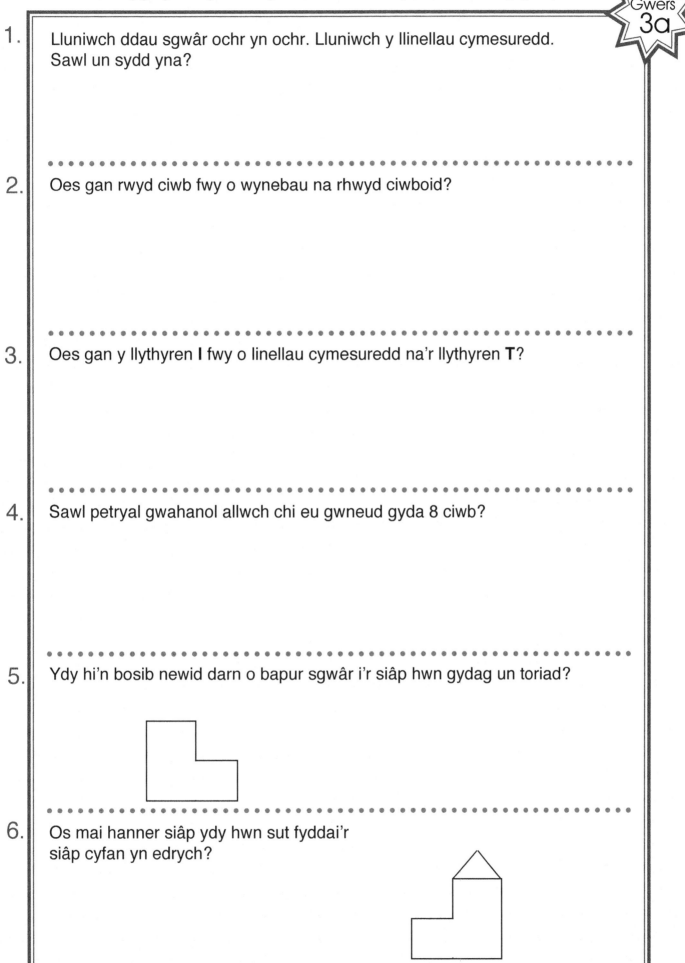

6. Os mai hanner siâp ydy hwn sut fyddai'r siâp cyfan yn edrych?

Gellir llungopïo'r dudalen hon gan y sefydliad sy'n prynu yn unig.

Datblygu ymresymu rhifyddol : Adnabod prosesau a chysylltiadau

1. Lluniwch dri sgwâr ochr yn ochr. Lluniwch y llinellau cymesuredd. Sawl un sydd yna?

2. Oes gan rwyd ciwb fwy o wynebau na rhwyd prism triongl?

3. Oes gan y llythyren **H** fwy o linellau cymesuredd na'r llythyren **T**?

4. Sawl petryal gwahanol allwch chi eu gwneud gyda 12 ciwb?

5. Ydy hi'n bosib newid darn o bapur sgwâr i'r siâp hwn gydag un toriad?

6. Os mai chwarter siâp ydy hwn sut fyddai'r siâp cyfan yn edrych?

Gellir llungopïo'r dudalen hon gan y sefydliad sy'n prynu yn unig.

© Catherine Yemm

Gwers
3C

1. Lluniwch bedwar sgwâr ochr yn ochr. Lluniwch y llinellau cymesuredd. Sawl un sydd yna?

2. Oes gan rwyd ciwb fwy o wynebau na rhwyd prism pentagonol?

3. Oes gan y llythyren **H** fwy o linellau cymesuredd na'r llythyren **X**?

4. Sawl petryal o siapiau gwahanol allwch chi ei wneud gyda 18 ciwb?

5. Ydy hi'n bosib newid darn o bapur sgwâr i'r siâp hwn gydag un toriad?

6. Os mai traean o siâp ydy hwn sut fyddai'r siâp cyfan yn edrych?

Gellir llungopio'r dudalen hon gan y sefydliad sy'n prynu yn unig.
© Catherine Yemm

'Os ydw i'n rhannu rhif gyda 10, mae'r digidau yn symud un waith i'r dde.' Rhowch enghreifftiau.

Esboniwch sut fyddech chi'n cyfrifo hwn:

600 – 280

Esboniwch sut mae cyfrifo faint o newid fyddech chi'n ei gael o £2 ar ôl gwario £1.17.

www.brilliantpublications.co.uk   Gellir llungopïo'r dudalen hon gan y sefydliad sy'n prynu yn unig.

46   **Datrys Problemau Mathemateg – Blwyddyn 4**   © Catherine Yemm

Gwers
4a

1. 'Os ydw i'n haneru odrif llai na 10 dw i'n cael degolyn.' Rhowch enghraifft.

2. Trefnwch y rhifau 1 i 9 yn y sgwâr hwn
fel bod pob rhes yn adio i 15.

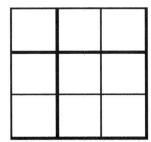

3. Esboniwch sut fyddech chi'n cyfrifo:

   28 x 2

4. Esboniwch sut mae cyfrifo faint o newid sydd ei angen o £3.20 os ydych chi'n gwario £1.70.

5. Dewch o hyd i bâr o rifau gyda swm o 12 a lluoswm o 36.

6. Esboniwch sut fyddech chi'n cyfrifo:

   70 ÷ 2

Gwers 4b

1. 'Os oes gen i odrif rhwng 10 a 20 dw i'n cael degolyn.' Rhowch enghreifftiau.

2. Rhowch rifau yn y blychau fel bod pob rhes yn adio i 30.

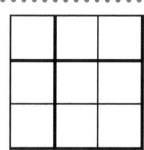

3. Esboniwch sut fyddech chi'n cyfrifo:

   48 x 2

4. Esboniwch sut mae cyfrifo faint o newid sydd ei angen o £5.50 os ydych chi'n gwario £2.85.

5. Dewch o hyd i bâr o rifau gyda swm o 14 a lluoswm o 45.

6. Esboniwch sut fyddech chi'n cyfrifo:

   90 ÷ 2

Gellir llungopio'r dudalen hon gan y sefydliad sy'n prynu yn unig.

© Catherine Yemm

Gwers
4c

1. 'Os ydw i'n haneru unrhyw odrif dw i'n cael degolyn.' Rhowch enghraifft.

2. Rhowch rifau yn y blychau fel bod pob rhes yn adio i 45.

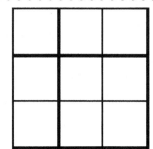

3. Esboniwch sut fyddech chi'n cyfrifo:

88 x 2

4. Esboniwch sut mae cyfrifo faint o newid sydd ei angen o £7.40 os ydych chi'n gwario £3.31.

5. Dewch o hyd i bâr o rifau gyda swm o 15 a lluoswm o 56.

6. Esboniwch sut fyddech chi'n cyfrifo:

124 ÷ 2

Gellir llungopio'r dudalen hon gan y sefydliad sy'n prynu yn unig.

www.brilliantpublications.co.uk

© Catherine Yemm

Datrys Problemau Mathemateg – Blwyddyn 4   49

Datblygu ymresymu rhifyddol : Adnabod prosesau a chysylltiadau

Gweithgaredd dosbarth cyfan

Faint o'r trionglau hyn fydd arnoch chi eu hangen i wneud triongl sydd yn deirgwaith y maint?

Ailadroddwch y patrwm hwn 5 gwaith. Sawl sgwâr sydd gennych chi?

Pa un sydd â'r mwyaf o wynebau – pyramid gwaelod sgwâr neu byramid gwaelod triongl?

Gellir llungopio'r dudalen hon gan y sefydliad sy'n prynu yn unig.
© Catherine Yemm

Gwers
5a

1. Lluniwch bentomino. Sawl ymyl sydd ganddo?

2. Os ydych chi'n gosod 3 silindr pen wrth ben sawl ymyl fydd gan y siâp newydd?

3. Enwch ddau siâp 3D gwahanol sydd â'r un nifer o wynebau.

4. Gwnewch batrwm gyda 3 siâp gwahanol. Ailadroddwch y patrwm 3 gwaith. Sawl un o bob siâp sydd gennych chi?

5. Pa un sydd â'r mwyaf o linellau cymesuredd, y digid **3** neu'r digid **8**?

6. Os ydy hyd un ochr o bedrochr rheolaidd yn 6cm, beth ydy hyd perimedr y siâp?

Gellir llungopïo'r dudalen hon gan y sefydliad sy'n prynu yn unig.
© Catherine Yemm

Datblygu ymresymu rhifyddol : Adnabod prosesau a chysylltiadau

Lluniwch ddau bentomino. Sawl ymyl sydd ganddyn nhw?

1.

2. Os ydych chi'n gosod 3 prism triongl pen wrth ben sawl ymyl fydd gan y siâp newydd?

3. Enwch ddau siâp 3D gwahanol sydd â'r un nifer o wynebau ac ymylon.

4. Gwnewch batrwm gyda 5 siâp gwahanol. Ailadroddwch y patrwm 3 gwaith. Sawl un o bob siâp sydd gennych chi?

5. Pa un sydd â'r mwyaf o linellau cymesuredd, y rhif **33** neu'r rhif **88**?

6. Os ydy hyd un ochr o bentagon rheolaidd yn 6cm, beth ydy hyd perimedr y pentagon?

Gellir llungopïo'r dudalen hon gan y sefydliad sy'n prynu yn unig.
© Catherine Yemm

1. Lluniwch 3 bentomino gyda'i gilydd. Sawl ymyl sydd ganddyn nhw?

2. Os ydych chi'n gosod 3 prism pentagonol pen wrth ben sawl ymyl fydd gan y siâp newydd?

3. Enwch ddau siâp 3D gwahanol sydd â'r un nifer o wynebau, ymylon a fertigau.

4. Gwnewch batrwm gyda 5 siâp gwahanol. Ailadroddwch y patrwm 5 gwaith. Sawl un o bob siâp sydd gennych chi?

5. Pa un sydd â'r mwyaf o linellau cymesuredd, y rhif **3l3** neu'r rhif **lll**?

6. Os ydy hyd un ochr o hecsagon rheolaidd yn 6cm, beth ydy hyd perimedr y hecsagon?

Gellir llungopio'r dudalen hon gan y sefydliad sy'n prynu yn unig.
www.brilliantpublications.co.uk

Datblygu ymresymu rhifyddol : Adnabod prosesau a chysylltiadau

Gweithgaredd dosbarth cyfan

Lluniwch bedwar cylch. Defnyddiwch ddau rif gwahanol o 0 i 9 i'w rhoi ym mhob cylch fel bod y rhifau yn adio i 9.

Esboniwch sut fyddech chi'n cyfrifo:

47 + 59

Os ydy 25 > _ >12 yna gall unrhyw rif rhwng 12 a 25 fynd i'r bwlch. Gwir neu gau?

Gellir llungopio'r dudalen hon gan y sefydliad sy'n prynu yn unig.

© Catherine Yemm

Gwers
6a

1. Mae gan rai priflythrennau un llinell cymesuredd. Rhowch enghreifftiau.

- -

2. Esboniwch sut fyddech chi'n cyfrifo:

154 − 78

- -

3. Beth ydy'r digidau sydd ar goll?

** x * = 75

- -

4. I luosi gyda 4 rydych chi'n lluosi gyda 2 ddwywaith.

- -

5. Esboniwch sut gallwch chi gyfrifo perimedr petryal.

- -

6. Esboniwch sut fyddech chi'n cyfrifo:

123 + 142

Gellir llungopïo'r dudalen hon gan y sefydliad sy'n prynu yn unig.

© Catherine Yemm

Datblygu ymresymu rhifyddol : Adnabod prosesau a chysylltiadau

Mae gan rai priflythrennau ddwy linell cymesuredd. Rhowch enghraifft.

1.

. . . .

2. Esboniwch sut fyddech chi'n cyfrifo:

194 – 148

. . . .

3. Beth ydy'r digidau sydd ar goll?

** x * = 150

. . . .

4. I luosi gyda 9 rydych chi'n lluosi gyda 3 ddwywaith.

. . . .

5. Esboniwch sut gallwch chi gyfrifo perimedr petryal yn gyflym os ydych chi'n gwybod yr hyd a'r lled.

. . . .

6. Esboniwch sut fyddech chi'n cyfrifo:

223 + 142

Gellir llungopio'r dudalen hon gan y sefydliad sy'n prynu yn unig.

© Catherine Yemm

1. Mae gan rai priflythrennau fwy na dwy linell cymesuredd. Rhowch enghraifft.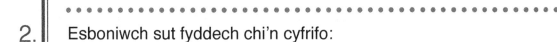

· ·

2. Esboniwch sut fyddech chi'n cyfrifo:

284 – 118

· ·

3. Beth ydy'r digidau sydd ar goll?

** x * = 450

· ·

4. I luosi gyda 16 rydych chi'n lluosi gyda 4 ddwywaith.

· ·

5. Ysgrifennwch fformiwla cyflym i ddod o hyd i berimedr petryal.

· ·

6. Esboniwch sut fyddech chi'n cyfrifo:

323 + 242

Gellir llungopïo'r dudalen hon gan y sefydliad sy'n prynu yn unig.

www.brilliantpublications.co.uk

© Catherine Yemm

Datrys Problemau Mathemateg – Blwyddyn 4   57

Defnyddio sgiliau rhif

Dw i'n meddwl am rif ac yn tynnu 21. Yr ateb ydy 37. Beth oedd fy rhif?

Os ydy Gethin ac Ioan yn gwario £5.40 yr un ar lyfr, faint o arian fydd ar ôl o bapur £20.

Mewn picnic mae yna jwg sy'n dal 2 litr o ddiod. Os oes yna 20 o blant yn y picnic allan nhw i gyd gael cwpanaid o ddiod os ydy'r cwpanau yn dal 80ml? Fydd yna ddiod ar ôl? Os bydd, faint?

www.brilliantpublications.co.uk   Gellir llungopïo'r dudalen hon gan y sefydliad sy'n prynu yn unig.

58   **Datrys Problemau Mathemateg – Blwyddyn 4**   © Catherine Yemm

1. Mae gan Jess ddau ddarn 50c, tri darn 10c ac un darn 20c. Mae hi'n gwario £0.85 ar gylchgrawn. Faint o arian mewn ceiniogau sydd ganddi ar ôl?

. . . .

2. Mae cadeiriau yn yr ysgol yn pwyso 2kg. Mae troli'r gofalwr yn cario mwyafswm pwysau o 6kg. Sawl taith fydd rhaid i'r gofalwr ei wneud i symud 10 cadair?

. . . .

3. Mae pecynnau o bapur yn y siop yn costio £1.10 yr un. Mae mam Sali yn prynu un bob un iddi hi, ei brawd a'i chwaer. Faint o arian mae hi'n ei wario?

. . . .

4. Mae Joshua a Mari yn rhannu parti pen-blwydd. Mae mam Joshua yn gwneud 27 brechdam ham a mam Mari yn gwneud 34 brechdan ham. Faint o frechdanau ham fydd yna i bobl eu bwyta?

. . . .

5. Mae Kelly yn helpu ei thad i fesur yr ystafelloedd yn eu tŷ ar gyfer carped newydd. Mae ei hystafell yn 4 metr a 22 centimetr o hyd. Mae'r ystafell ymolchi yn hanner y maint hynny. Pa mor hir sydd rhaid i'r carped yn yr ystafell ymolchi fod?

. . . .

6. Ddydd Sul aeth Tim i weld ei hoff dîm pêl-droed yn chwarae. Dechreuodd y gêm am 3.20 pm a chwaraeon nhw 30 munud bob ochr. Hanner amser ffoniodd Tim ei fam. Faint o'r gloch wnaeth e siarad gyda'i fam?

Gwers 1b

1. Mae gan Jess bedwar darn 50c, tri darn 10c ac un darn 20c. Mae hi'n gwario £1.23 ar gylchgrawn. Faint o arian mewn ceiniogau sydd ganddi ar ôl?

2. Mae cadeiriau yn yr ysgol yn pwyso 2kg. Mae troli'r gofalwr yn cario mwyafswm pwysau o 10kg. Sawl taith fydd rhaid i'r gofalwr ei wneud i symud 14 cadair?

3. Mae pecynnau o bapur yn y siop yn costio £1.75 yr un. Mae mam Sali yn prynu un bob un iddi hi, ei brawd a'i chwaer. Faint o arian mae hi'n ei wario?

4. Mae Joshua a Mari yn rhannu parti pen-blwydd. Mae mam Joshua yn gwneud 47 brechdan ham a mam Mari yn gwneud 64 brechdan ham. Faint o frechdanau ham fydd yna i bobl eu bwyta?

5. Mae Kelly yn helpu ei thad i fesur yr ystafelloedd yn eu tŷ ar gyfer carped newydd. Mae ei hystafell yn 4 metr a 36 centimetr o hyd. Mae'r ystafell ymolchi yn hanner y maint hynny. Pa mor hir sydd rhaid i'r carped yn yr ystafell ymolchi fod?

6. Ddydd Sul aeth Tim i weld ei hoff dîm pêl-droed yn chwarae. Dechreuodd y gêm am 3.20 pm a chwaraeon nhw 45 munud bob ochr. Hanner amser ffoniodd Tim ei fam. Faint o'r gloch wnaeth e siarad gyda'i fam?

Gellir llungopïo'r dudalen hon gan y sefydliad sy'n prynu yn unig.
Datrys Problemau Mathemateg – Blwyddyn 4 © Catherine Yemm

1. Mae gan Jess saith darn 50c, chwe darn 10c ac un darn 20c. Mae hi'n gwario £2.23 ar gylchgrawn. Faint o arian mewn ceiniogau sydd ganddi ar ôl?

2. Mae cadeiriau yn yr ysgol yn pwyso 4kg. Mae troli'r gofalwr yn cario mwyafswm pwysau o 10kg. Sawl taith fydd rhaid i'r gofalwr ei wneud i symud 14 cadair?

3. Mae pecynnau o bapur yn y siop yn costio £2.75 yr un. Mae mam Sali yn prynu un bob un iddi hi, ei brawd a'i chwaer. Faint o arian mae hi'n ei wario?

4. Mae Joshua a Mari yn rhannu parti pen-blwydd. Mae mam Joshua yn gwneud 72 brechdam ham a mam Mari yn gwneud 84 brechdan ham. Faint o frechdanau ham fydd yna i bobl eu bwyta?

5. Mae Kelly yn helpu ei thad i fesur yr ystafelloedd yn eu tŷ ar gyfer carped newydd. Mae ei hystafell yn 4 metr a 78 centimetr o hyd. Mae'r ystafell ymolchi yn hanner y maint hynny. Pa mor hir sydd rhaid i'r carped yn yr ystafell ymolchi fod?

6. Ddydd Sul aeth Tim i weld ei hoff dîm pêl-droed yn chwarae. Dechreuodd y gêm am 3.17 pm a chwaraeon nhw 45 munud bob ochr. Hanner amser ffoniodd Tim ei fam. Faint o'r gloch wnaeth e siarad gyda'i fam?

Gellir llungopio'r dudalen hon gan y sefydliad sy'n prynu yn unig.

www.brilliantpublications.co.uk

© Catherine Yemm

Datrys Problemau Mathemateg – Blwyddyn 4 61

Gwers 2

Defnyddio sgiliau rhif

Mae bocs o 8 tun o ffa yn pwyso 1kg 800g. Os ydy'r tuniau yn pwyso 220g yr un faint mae'r bocs cardfwrdd yn ei bwyso?

Mae Eleri ac Ethan yn gwerthu tocynnau raffl ar gyfer elusen. Maen nhw'n mynd â nhw i'r ysgol ac yn gwerthu 32, ac yna maen nhw'n mynd â nhw adref ac yn gwerthu 17 arall. Os ydy'r tocynnau yn costio 20c yr un faint o arian maen nhw'n ei gasglu?

Aeth Charlotte i'w gwely am 8:12 pm a darllenodd ei llyfr. Syrthiodd i gysgu am 8:50 pm. Am faint o amser wnaeth hi ddarllen ei llyfr?

www.brilliantpublications.co.uk

Gellir llungopïo'r dudalen hon gan y sefydliad sy'n prynu yn unig.

62 **Datrys Problemau Mathemateg – Blwyddyn 4**   © Catherine Yemm

1. Mae ffair yr ysgol yn gwneud elw o £480. Mae'r pennaeth eisiau ei rannu rhwng y 6 dosbarth yn yr ysgol i brynu mwy o lyfrau. Faint o arian fydd pob dosbarth yn ei gael i wario ar lyfrau?

. . . .

2. Mae ffrind Sali yn mynd ar ei gwyliau drwy mis Mai. Mae hi wedi gofyn i Sali edrych ar ôl ei chath. Am faint o ddyddiau fydd yn rhaid i Sali edrych ar ôl y gath?

. . . .

3. Mae tad Sam yn cymysgu sment i wneud llwybr. Mae'n rhaid cymysgu pob bag o sment gyda 4 litr o ddŵr. Os ydy tad Sam yn rhoi 4 bag o sment yn y cymysgydd sment faint o ddŵr sydd rhaid iddo ei ychwanegu?

. . . .

4. Mae ar Mr Robson angen rhuban i'w rhoi ar draws llinell orffen diwrnod chwaraeon. Mae 8 lôn ar y trac chwaraeon ac mae bob un yn 100cm o led. Bydd ar y ddau blentyn fydd yn dal y rhuban angen 30cm yn ychwanegol bob un i'w dal. Beth fydd hyd y rhuban fydd ar Mr Robson ei hangen?

. . . .

5. Mae wyau yn cael eu rhoi mewn bocsys o 12. Sawl wy sydd gan Charlie os ydy e'n prynu 3 bocs? Mae'n gollwng bocs ar y ffordd adref ac yn torri'r wyau i gyd sydd ynddo. Faint o wyau sydd ganddo nawr?

. . . .

6. Mae melon yn costio 32c. Sawl melon allwn i eu prynu am £3.00?

Gwers
2b

1. Mae ffair yr ysgol yn gwneud elw o £840. Mae'r pennaeth eisiau ei rannu rhwng y 6 dosbarth yn yr ysgol i brynu mwy o lyfrau. Faint o arian fydd pob dosbarth yn ei gael i wario ar lyfrau?

2. Mae ffrind Sali yn mynd ar ei gwyliau drwy mis Mai a mis Mehefin. Mae hi wedi gofyn i Sali edrych ar ôl ei chath. Am faint o ddyddiau fydd yn rhaid i Sali edrych ar ôl y gath?

3. Mae tad Sam yn cymysgu sment i wneud llwybr. Mae'n rhaid cymysgu pob bag o sment gyda 6 litr o ddŵr. Os ydy tad Sam yn rhoi 4 bag o sment yn y cymysgydd sment faint o ddŵr sydd rhaid iddo ei ychwanegu?

4. Mae ar Mr Robson angen rhuban i'w rhoi ar draws llinell orffen diwrnod chwaraeon. Mae 8 lôn ar y trac chwaraeon ac mae bob un yn 110cm o led. Bydd ar y ddau blentyn fydd yn dal y rhuban angen 30cm yn ychwanegol bob un i'w dal. Beth fydd hyd y rhuban fydd ar Mr Robson ei hangen?

5. Mae wyau yn cael eu rhoi mewn bocsys o 12. Sawl wy sydd gan Charlie os ydy e'n prynu 5 bocs? Mae'n gollwng bocs ar y ffordd adref ac yn torri'r wyau i gyd sydd ynddo. Faint o wyau sydd ganddo nawr?

6. Mae melon yn costio 32c. Sawl melon allwn ni eu prynu am £5.00?

Gellir llungopio'r dudalen hon gan y sefydliad sy'n prynu yn unig.
Datrys Problemau Mathemateg – Blwyddyn 4 © Catherine Yemm

1. Mae ffair yr ysgol yn gwneud elw o £1440. Mae'r pennaeth eisiau ei rannu rhwng y 6 dosbarth yn yr ysgol i brynu mwy o lyfrau. Faint o arian fydd pob dosbarth yn ei gael i wario ar lyfrau?

2. Mae ffrind Sali yn mynd ar ei gwyliau drwy mis Mai, Mehefin a Gorffennaf. Mae hi wedi gofyn i Sali edrych ar ôl ei chath. Am faint o ddyddiau fydd yn rhaid i Sali edrych ar ôl y gath?

3. Mae tad Sam yn cymysgu sment i wneud llwybr. Mae'n rhaid cymysgu pob bag o sment gyda 8 litr o ddŵr. Os ydy tad Sam yn rhoi 4 bag o sment yn y cymysgydd sment faint o ddŵr sydd rhaid iddo ei ychwanegu?

4. Mae ar Mr Robson angen rhuban i'w rhoi ar draws llinell orffen diwrnod chwaraeon. Mae 8 lôn ar y trac chwaraeon ac mae bob un yn 105cm o led. Bydd ar y ddau blentyn fydd yn dal y rhuban angen 30cm yn ychwanegol bob un i'w dal. Beth fydd hyd y rhuban fydd ar Mr Robson ei hangen?

5. Mae wyau yn cael eu rhoi mewn bocsys o 12. Sawl wy sydd gan Charlie os ydy e'n prynu 8 bocs? Mae'n gollwng bocs ar y ffordd adref ac yn torri'r wyau i gyd sydd ynddo. Faint o wyau sydd ganddo nawr?

6. Mae melon yn costio 62c. Sawl melon allwn ni eu prynu am £8.00?

Gellir llungopio'r dudalen hon gan y sefydliad sy'n prynu yn unig.

© Catherine Yemm

www.brilliantpublications.co.uk

Datrys Problemau Mathemateg – Blwyddyn 4   65

Defnyddio sgiliau rhif

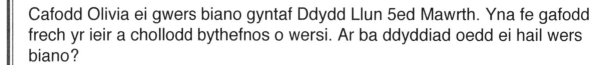

Cafodd Olivia ei gwers biano gyntaf Ddydd Llun 5ed Mawrth. Yna fe gafodd frech yr ieir a chollodd bythefnos o wersi. Ar ba ddyddiad oedd ei hail wers biano?

Mae mam a thad Luke yn talu £75 i bob oedolyn a £50 y plentyn i fynd ar wyliau. Faint fydd hi'n ei gostio i rieni Luke, ei nain a'i daid, Luke ei hun a'i chwaer i fynd ar wyliau?

Mae teulu'r Thompson yn mynd ar wyliau i'r Iwerddon. Mae'n 243 milltir i'r porthladd fferi, 66 milltir i groesi'r môr ac yna 108 milltir i'r gwesty. Maen nhw hanner ffordd yna. Pa mor bell maen nhw wedi teithio?

1. Mae Tudur newydd redeg ei 2il ras eleni. Hyd yma eleni mae wedi rhedeg ras 15km a ras 13km. Faint o fetrau mae e wedi'u rhedeg mewn rasys i gyd?

• •

2. Mae Anna yn hoffi côt sy'n costio £12 yn y siop. Os ydy hi'n cynilo £1.20 yr wythnos pa mor hir fydd hi'n ei gymryd i gynilo digon o arian i brynu'r gôt?

• •

3. Yn Nosbarth 4 mae 6 pot o bensiliau sydd angen eu naddu. Mewn 2 o'r potiau mae 4 pensil ac mewn 4 o'r potiau mae 5 pensil. Sawl pensil sydd angen eu naddu?

• •

4. Mae gan Joshua £10. Mae'n gwario £1.60 ar gas pensiliau newydd a £2.20 ar set newydd o bensiliau lliw. Faint o newid gaiff e? Pa ddarnau arian allai e gael fel newid?

• •

5. Ar gyfer picnic diwedd tymor mae Mrs Nelson wedi prynu 4kg o fananas, 2kg o afalau, 4kg o binafalau a 2kg o rawnwin. Yn y picnic dim ond hanner y ffrwythau sy'n cael eu bwyta. Pa mor drwm ydy'r ffrwythau sy'n cael eu cario adref?

• •

6. Mae Beca yn penderfynu ffonio ei 5 ffrind i ddweud wrthyn nhw am ei chi bach newydd. Mae'n treulio 4 munud yr un yn dweud wrth 2 o'r ffrindiau a 5 munud yr un yn dweud wrth y lleill. Pa mor hir mae hi ar y ffôn?

Gellir llungopïo'r dudalen hon gan y sefydliad sy'n prynu yn unig.

© Catherine Yemm

www.brilliantpublications.co.uk

Datrys Problemau Mathemateg – Blwyddyn 4   67

Gwers 3b

1. Mae Tudur newydd redeg ei 3edd ras eleni. Hyd yma eleni mae wedi rhedeg ras 15km, ras 13km a ras 10km. Faint o fetrau mae e wedi'u rhedeg mewn rasys i gyd?

2. Mae Anna yn hoffi côt sy'n costio £18 yn y siop. Os ydy hi'n cynilo £1.50 yr wythnos pa mor hir fydd hi'n ei gymryd i gynilo digon o arian i brynu'r gôt?

3. Yn Nosbarth 4 mae 6 pot o bensiliau sydd angen eu naddu. Mewn 2 o'r potiau mae 7 pensil ac mewn 4 o'r potiau mae 8 pensil. Sawl pensil sydd angen eu naddu?

4. Mae gan Joshua £10. Mae'n gwario £2.60 ar gas pensiliau newydd a £4.20 ar set newydd o bensiliau lliw. Faint o newid gaiff e? Pa ddarnau arian allai e gael fel newid?

5. Ar gyfer picnic diwedd tymor mae Mrs Nelson wedi prynu 6kg o fananas, 4kg o afalau, 7kg o binafalau a 3kg o rawnwin. Yn y picnic dim ond hanner y ffrwythau sy'n cael eu bwyta. Pa mor drwm ydy'r ffrwythau sy'n cael eu cario adref?

6. Mae Beca yn penderfynu ffonio ei 5 ffrind i ddweud wrthyn nhw am ei chi bach newydd. Mae'n treulio 8 munud yr un yn dweud wrth 2 o'r ffrindiau a 9 munud yr un yn dweud wrth y lleill. Pa mor hir mae hi ar y ffôn?

Gellir llungopio'r dudalen hon gan y sefydliad sy'n prynu yn unig.

© Catherine Yemm

1. Mae Tudur newydd redeg ei 5ed ras eleni. Hyd yma eleni mae wedi rhedeg ras 15km, ras 13km a thair ras 10km. Faint o fetrau mae e wedi'u rhedeg mewn rasys i gyd?

2. Mae Anna yn hoffi côt sy'n costio £28 yn y siop. Os ydy hi'n cynilo £2.50 yr wythnos pa mor hir fydd hi'n ei gymryd i gynilo digon o arian i brynu'r gôt?

3. Yn Nosbarth 4 mae 6 pot o bensiliau sydd angen eu naddu. Mewn 2 o'r potiau mae 11 pensil ac mewn 4 o'r potiau mae 13 pensil. Sawl pensil sydd angen eu naddu?

4. Mae gan Joshua £20. Mae'n gwario £3.60 ar gas pensiliau newydd a £6.20 ar set newydd o bensiliau lliw. Faint o newid gaiff e? Pa ddarnau arian allai e gael fel newid?

5. Ar gyfer picnic diwedd tymor mae Mrs Nelson wedi prynu 7kg o fananas, 8kg o afalau, 9kg o binafalau a 6kg o rawnwin. Yn y picnic dim ond hanner y ffrwythau sy'n cael eu bwyta. Pa mor drwm ydy'r ffrwythau sy'n cael eu cario adref?

6. Mae Beca yn penderfynu ffonio ei 5 ffrind i ddweud wrthyn nhw am ei chi bach newydd. Mae'n treulio 9 munud yr un yn dweud wrth 2 o'r ffrindiau a 11 munud yr un yn dweud wrth y lleill. Pa mor hir mae hi ar y ffôn?

Defnyddio sgiliau rhif

Gweithgaredd dosbarth cyfan

Cerddodd Janet i mewn i'r archfarchnad am 4.25 pm. Treuliodd 12 munud yn ciwio am fara ffres, 15 munud yn dewis ffrwythau a 5 munud yn talu am ei neges. Faint o'r gloch wnaeth hi adael yr archfarchnad?

Mae Jacob yn mynd i wneud bisgedi caws. Mae arno angen 200g o gaws i wneud 12 bisged. Faint o gaws fydd arno ei angen os ydy am wneud 36 bisged?

Mae gan Cadi a Lleucu gadw-mi-gei rhyngddyn nhw. Maen nhw'n ei wagio ac ynddo mae deuddeg darn £1, wyth darn 50c, saith darn 10c a phump darn 2c. Faint o arian sydd ganddyn nhw yr un?

Gellir llungopïo'r dudalen hon gan y sefydliad sy'n prynu yn unig.
© Catherine Yemm

1. Mae Daisy a Caleb yn penderfynu prynu losin. Mae Daisy yn prynu 9 losin mewn paced am 25c. Mae Caleb yn prynu yr un math o losin ond nid mewn paced. Mae'r losin mae Caleb yn eu prynu yn costio 3c yr un. Faint fydd hi'n ei gostio iddo brynu 9 losin ar wahân? Pwy sy'n gwario fwyaf ac o faint?

2. Mae Lisa a'i chwaer yn gwneud ysgytlaeth siocled. Mae angen 500ml o laeth i bob ysgytlaeth. Os ydyn nhw'n gwneud 4 ysgytlaeth i'w ffrindiau sawl litr o laeth fydd arnyn nhw ei angen?

3. Yr wythfed o Orffennaf ydy hi heddiw. Mae Teifi yn mynd ar ei wyliau mewn 1 wythnos a 3 diwrnod. Ar ba ddyddiad mae'n gadael i fynd ar ei wyliau?

4. Mae Megan yn gwneud cacenau siocled. Mae arni angen 3 cwpanaid o flawd i bob cacen. Os ydy hi'n gwneud 5 cacen faint o flawd fydd arni ei angen?

5. Mae Tom wedi cael cwningen ar ei ben-blwydd. Mae staff y siop anifeiliaid wedi dweud wrtho bod angen cwt cwningen sydd 5 gwaith hyd y gwningen. Mae Tom yn mesur y gwningen. Mae hi'n 10cm o hyd. Beth ddylai hyd y cwt fod?

6. Prynodd Peredur gryno ddisg newydd am £4.50. Rhoddodd £10 i berchennog y siop. Faint o newid gafodd e?

Gellir llungopïo'r dudalen hon gan y sefydliad sy'n prynu yn unig.

© Catherine Yemm

www.brilliantpublications.co.uk

Datrys Problemau Mathemateg – Blwyddyn 4   71

Gwers 4b

1. Mae Daisy a Caleb yn penderfynu prynu losin. Mae Daisy yn prynu 12 losin mewn paced am 25c. Mae Caleb yn prynu yr un math o losin ond nid mewn paced. Mae'r losin mae Caleb yn eu prynu yn costio 3c yr un. Faint fydd hi'n ei gostio iddo brynu 12 losin ar wahân? Pwy sy'n gwario fwyaf ac o faint?

2. Mae Lisa a'i chwaer yn gwneud ysgytlaeth siocled. Mae angen 500ml o laeth i bob ysgytlaeth. Os ydyn nhw'n gwneud 7 ysgytlaeth i'w ffrindiau sawl litr o laeth fyddan nhw ei angen?

3. Yr wythfed o Orffennaf ydy hi heddiw. Mae Teifi yn mynd ar ei wyliau mewn 2 wythnos a 3 diwrnod. Ar ba ddyddiad mae'n gadael i fynd ar ei wyliau?

4. Mae Megan yn gwneud cacenau siocled. Mae arni angen 3 cwpanaid o flawd i bob cacen. Os ydy hi'n gwneud 7 cacen faint o flawd fydd arni ei angen?

5. Mae Tom wedi cael cwningen ar ei ben-blwydd. Mae staff y siop anifeiliaid wedi dweud wrtho bod angen cwt cwningen sydd 10 gwaith hyd y gwningen. Mae Tom yn mesur y gwningen. Mae hi'n 18cm o hyd. Beth ddylai hyd y cwt fod?

6. Prynodd Peredur gryno ddisg newydd am £6.25. Rhoddodd £10 i berchennog y siop. Faint o newid gafodd e?

Gellir llungopïo'r dudalen hon gan y sefydliad sy'n prynu yn unig.
© Catherine Yemm

1. Mae Daisy a Caleb yn penderfynu prynu losin. Mae Daisy yn prynu 18 losin mewn paced am 25c. Mae Caleb yn prynu yr un math o losin ond nid mewn paced. Mae'r losin mae Caleb yn eu prynu yn costio 3c yr un. Faint fydd hi'n ei gostio iddo brynu 18 losin ar wahân? Pwy sy'n gwario fwyaf ac o faint?

2. Mae Lisa a'i chwaer yn gwneud ysgytlaeth siocled. Mae angen 500ml o laeth i bob ysgytlaeth. Os ydyn nhw'n gwneud 13 ysgytlaeth i'w ffrindiau sawl litr o laeth fyddan nhw ei angen?

3. Yr wythfed o Orffennaf ydy hi heddiw. Mae Teifi yn mynd ar ei wyliau mewn 3 wythnos a 3 diwrnod. Ar ba ddyddiad mae'n gadael i fynd ar ei wyliau?

4. Mae Megan yn gwneud cacenau siocled. Mae arni angen 3 cwpanaid o flawd i bob cacen. Os ydy hi'n gwneud 9 cacen faint o flawd fydd arni ei angen?

5. Mae Tom wedi cael cwningen ar ei ben-blwydd. Mae staff y siop anifeiliaid wedi dweud wrtho bod angen cwt cwningen sydd 20 gwaith hyd y gwningen. Mae Tom yn mesur y gwningen. Mae hi'n 18cm o hyd. Beth ddylai hyd y cwt fod?

6. Prynodd Peredur gryno ddisg newydd am £16.25. Rhoddodd £30 i berchennog y siop. Faint o newid gafodd e?

Defnyddio sgiliau rhif

Derbyniodd Mali 29 cerdyn ar ei phen-blwydd. Derbyniodd ei chwaer Cadi ddwywaith hynny. Sawl cerdyn dderbyniodd Cadi?

Mae Jac yn cael bath. Mae ei fam wedi rhoi 30 litr o ddŵr yn y bath. Mae'r dŵr wedi oeri felly mae hi'n gollwng 10 litr ac yn ychwanegu 25 litr arall o ddŵr poeth. Faint o ddŵr sydd yn y bath nawr?

Mae Efa a Begw yn 9 oed. Ganed Efa ar 17eg Medi a ganed Begw ar 29ain Hydref. Pwy yw'r hynaf ac o faint?

www.brilliantpublications.co.uk

Gellir llungopïo'r dudalen hon gan y sefydliad sy'n prynu yn unig.

74 **Datrys Problemau Mathemateg – Blwyddyn 4**

© Catherine Yemm

1. Mae 44 llyfr ar un silff yn llyfrgell yr ysgol. Llyfrau chwaraeon ydy eu hanner nhw, llyfrau am anifeiliaid ydy eu chwarter nhw ac mae'r gweddill am natur. Sawl llyfr natur sydd gan yr ysgol?

. . . .

2. Mae potel sudd yn costio 40c. Mae Mrs Evans eisiau prynu digon o sudd i bawb yn y barbeciw. Mae yna 4 oedolyn a 7 o blant. Faint o arian fydd rhaid iddi ei wario os ydy pawb yn cael potel yr un?

. . . .

3. Mae Beca a Mabon yn helpu i gario'r neges adref o'r siop. Mae ddau yn cario 2 fag yr un sy'n pwyso 1.5kg yr un. Mae un o fagiau Beca yn torri felly mae Mabon yn rhoi'r neges yn ei fag e. Beth ydy pwysau'r neges mae Mabon yn ei gario nawr?

. . . .

4. Mae Dosbarth 2 yn gwneud lluniau gyda llinyn a phaent. Mae eu hathro wedi dod â darn o linyn sy'n 5.60 metr o hyd. Os oes 10 o blant yn y dosbarth sawl centimetr o linyn fydd pob plentyn yn ei gael?

. . . .

5. Mae Siôn yn gallu nofio dan ddŵr gan ddal ei wynt am hanner munud. Mae Macsen yn gallu dal ei wynt am 5 eiliad yn hirach. Am sawl eiliad all Macsen ddal ei wynt?

. . . .

6. Mae Mabli eisiau prynu fforch arddio i'w thad ar ei ben-blwydd. Mae'r fforch yn costio £4.50. Mae hi'n cynilo 50c yr wythnos. Sawl wythnos mae hi'n ei gymryd i gynilo digon i brynu'r fforch?

Gellir llungopïo'r dudalen hon gan y sefydliad sy'n prynu yn unig.

Gwers
5b

1. Mae 84 llyfr ar un silff yn llyfrgell yr ysgol. Llyfrau chwaraeon ydy eu hanner nhw, llyfrau am anifeiliaid ydy eu chwarter nhw ac mae'r gweddill am natur. Sawl llyfr natur sydd gan yr ysgol?

· ·

2. Mae potel sudd yn costio 60c. Mae Mrs Evans eisiau prynu digon o sudd i bawb yn y barbeciw. Mae yna 4 oedolyn a 7 o blant. Faint o arian fydd rhaid iddi ei wario os ydy pawb yn cael potel yr un?

· ·

3. Mae Beca a Mabon yn helpu i gario'r neges adref o'r siop. Mae ddau yn cario 2 fag yr un sy'n pwyso 3.5kg yr un. Mae un o fagiau Beca yn torri felly mae Mabon yn rhoi'r neges yn ei fag e. Beth ydy pwysau'r neges mae Mabon yn ei gario nawr?

· ·

4. Mae Dosbarth 4 yn gwneud lluniau gyda llinyn a phaent. Mae eu hathro wedi dod â darn o linyn sy'n 5.60 metr o hyd. Os oes 20 o blant yn y dosbarth sawl centimetr o linyn fydd pob plentyn yn ei gael?

· ·

5. Mae Siôn yn gallu nofio dan ddŵr gan ddal ei wynt am hanner munud. Mae Macsen yn gallu dal ei wynt am 16 eiliad yn hirach. Am sawl eiliad all Macsen ddal ei wynt?

· ·

6. Mae Mabli eisiau prynu fforch arddio i'w thad ar ei ben-blwydd. Mae'r fforch yn costio £7.50. Mae hi'n cynilo 50c yr wythnos. Sawl wythnos mae hi'n ei gymryd i gynilo digon i brynu'r fforch?

Gellir llungopio'r dudalen hon gan y sefydliad sy'n prynu yn unig.

© Catherine Yemm

1. Mae 132 o lyfrau ar un silff yn llyfrgell yr ysgol. Llyfrau chwaraeon ydy eu hanner nhw, llyfrau am anifeiliaid ydy eu chwarter nhw ac mae'r gweddill am natur. Sawl llyfr natur sydd gan yr ysgol?

2. Mae potel sudd yn costio 90c. Mae Mrs Evans eisiau prynu digon o sudd i bawb yn y barbeciw. Mae yna 4 oedolyn a 7 o blant. Faint o arian fydd rhaid iddi ei wario os ydy pawb yn cael potel yr un?

3. Mae Beca a Mabon yn helpu i gario'r neges adref o'r siop. Mae ddau yn cario 2 fag yr un sy'n pwyso 4.5kg yr un. Mae un o fagiau Beca yn torri felly mae Mabon yn rhoi'r neges yn ei fag e. Beth ydy pwysau'r neges mae Mabon yn ei gario nawr?

4. Mae Dosbarth 4 yn gwneud lluniau gyda llinyn a phaent. Mae eu hathro wedi dod â darn o linyn sy'n 5.60 metr o hyd. Os oes 28 o blant yn y dosbarth sawl centimetr o linyn fydd pob plentyn yn ei gael?

5. Mae Siôn yn gallu nofio dan ddŵr gan ddal ei wynt am hanner munud. Mae Macsen yn gallu dal ei wynt am 35 eiliad yn hirach. Am sawl eiliad all Macsen ddal ei wynt?

6. Mae Mabli eisiau prynu fforch arddio i'w thad ar ei ben-blwydd. Mae'r fforch yn costio £17.50. Mae hi'n cynilo 50c yr wythnos. Sawl wythnos mae hi'n ei gymryd i gynilo digon i brynu'r fforch?

Gellir llungopio'r dudalen hon gan y sefydliad sy'n prynu yn unig.
© Catherine Yemm

Defnyddio sgiliau rhif

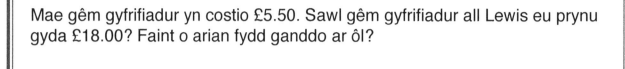

Mae gêm gyfrifiadur yn costio £5.50. Sawl gêm gyfrifiadur all Lewis eu prynu gyda £18.00? Faint o arian fydd ganddo ar ôl?

Mae hyd y byrddau sgwâr yn ffreutur yr ysgol yn 1m a 10cm. Os ydyn ni'n rhoi 3 bwrdd gyda'i gilydd beth fydd y perimedr?

Dw i'n meddwl am rif ac yn ei luosi gyda 5 ac yna yn adio 5. Yr ateb ydy 55. Beth oedd y rhif?

Gellir llungopïo'r dudalen hon gan y sefydliad sy'n prynu yn unig.

© Catherine Yemm

1. Mae gwallt Llinos yn 24 centimetr o hyd. Mae'n cael 7 centimetr wedi'i dorri i ffwrdd ac yna mae'n tyfu 5 centimetr arall felly mae'n cael 8 centimetr arall wedi'i dorri i ffwrdd. Pa mor hir ydy ei gwallt nawr?

2. Mae tocyn bws o dŷ Ben i'r ysgol yn costio 40c. Os ydy e'n mynd ar y bws i'r ysgol bob dydd am wythnos faint fydd hi'n ei gostio iddo?

3. Mae Tirion wedi gwneud teisen ffrwythau. Rhoddodd hi yn y popty i goginio am 5:45 pm ac fe adawodd iddi goginio am 1 awr a 10 munud. Faint o'r gloch wnaeth hi dynnu'r deisen o'r popty?

4. Mae Dosbarth 4 wedi bod yn mesur y glawiad mewn wythnos. Ar Ddydd Llun fe lawiodd 13ml, Dydd Mawrth fe lawiodd 16ml, Dydd Mercher fe lawiodd 13ml, Dydd Iau fe lawiodd 19ml a Dydd Gwener 11ml. Faint lawiodd hi i gyd yn ystod yr wythnos ysgol?

5. Daeth Ifan o hyd i geiniogau yn ei ddau gadw-mi-gei. Yn y cadw-mi-gei mawr roedd 83c. Yn y cadw-mi-gei bach roedd 125c. Ysgrifennwch mewn punnoedd faint o arian sydd ganddo.

6. Dw i'n meddwl am rif ac yn ei rannu gyda 5. Yr ateb ydy 11. Beth oedd y rhif?

1. Mae gwallt Llinos yn 48 centimetr o hyd. Mae'n cael 7 centimetr wedi'i dorri i ffwrdd ac yna mae'n tyfu 5 centimetr arall felly mae'n cael 8 centimetr arall wedi'i dorri i ffwrdd. Pa mor hir ydy ei gwallt nawr?

2. Mae tocyn bws o dŷ Ben i'r ysgol yn costio 60c. Os ydy e'n mynd ar y bws i'r ysgol bob dydd am wythnos faint fydd hi'n ei gostio iddo?

3. Mae Tirion wedi gwneud teisen ffrwythau. Rhoddodd hi yn y popty i goginio am 5:45 pm ac fe adawodd iddi goginio am 1 awr a 25 munud. Faint o'r gloch wnaeth hi dynnu'r deisen o'r popty?

4. Mae Dosbarth 4 wedi bod yn mesur y glawiad mewn wythnos. Ar Ddydd Llun fe lawiodd 23ml, Dydd Mawrth fe lawiodd 26ml, Dydd Mercher fe lawiodd 13ml, Dydd Iau fe lawiodd 19ml a Dydd Gwener 21ml. Faint lawiodd hi i gyd yn ystod yr wythnos ysgol?

5. Daeth Ifan o hyd i geiniogau yn ei ddau gadw-mi-gei. Yn y cadw-mi-gei mawr roedd 123c. Yn y cadw-mi-gei bach roedd 215c. Ysgrifennwch mewn punnoedd faint o arian sydd ganddo.

6. Dw i'n meddwl am rif ac yn ei rannu gyda 3. Yr ateb ydy 22. Beth oedd y rhif?

Gellir llungopio'r dudalen hon gan y sefydliad sy'n prynu yn unig.
© Catherine Yemm

1. Mae gwallt Llinos yn 72 centimetr o hyd. Mae'n cael 17 centimetr wedi'i dorri i ffwrdd ac yna mae'n tyfu 15 centimetr arall felly mae'n cael 9 centimetr arall wedi'i dorri i ffwrdd. Pa mor hir ydy ei gwallt nawr?

2. Mae tocyn bws o dŷ Ben i'r ysgol yn costio 80c. Os ydy e'n mynd ar y bws i'r ysgol bob dydd am wythnos faint fydd hi'n ei gostio iddo?

3. Mae Tirion wedi gwneud teisen ffrwythau. Rhoddodd hi yn y popty i goginio am 5:45 pm ac fe adawodd iddi goginio am 2 awr a 35 munud. Faint o'r gloch wnaeth hi dynnu'r deisen o'r popty?

4. Mae Dosbarth 4 wedi bod yn mesur y glawiad mewn wythnos. Ar Ddydd Llun fe lawiodd 43ml, Dydd Mawrth fe lawiodd 36ml, Dydd Mercher fe lawiodd 23ml, Dydd Iau fe lawiodd 39ml a Dydd Gwener 11ml. Faint lawiodd hi i gyd yn ystod yr wythnos ysgol?

5. Daeth Ifan o hyd i geiniogau yn ei ddau gadw-mi-gei. Yn y cadw-mi-gei mawr roedd 174c. Yn y cadw-mi-gei bach roedd 348c. Ysgrifennwch mewn punnoedd faint o arian sydd ganddo.

6. Dw i'n meddwl am rif ac yn ei rannu gyda 3. Yr ateb ydy 45. Beth oedd y rhif?

Atebion

Datblygu ymresymu rhifyddol

Gwers 1 (tud 10)
A: rhannu; B: 2 awr, 45 mun., C: stori

Gwersi 1a–1c (tt 11–13)

C	1a	1b	1c
1	6cm	8cm	21cm
2	14 awr	28 awr	42 awr
3	rhannu	rhannu	rhannu
4	£1.77	£1.65	£2.75
5	stori	stori	stori
6	5	6 neu 7	13 neu 14

Gwers 2 (tud 14)
A: stori; B: £5.10; C: 375g

Gwersi 2a–2c (tt15–17)

C	2a	2b	2c
1	£5.50	£8.00	£8.95
2	stori	stori	stori
3	4.55 pm	5.05 pm	5.25 pm
4	Unrhyw rif o boteli sy'n dod i 1000ml	Unrhyw 3 potel sy'n dod i 1000ml	Unrhyw 6 potel sy'n dod i 1000ml
5	rhannu	rhannu	rhannu
6	30	45	39

Gwers 3 (tud 18)
A: minws; B: 34; C: 396 milltir

Gwersi 3a–3c (tt 19–21)

C	3a	3b	3c
1	28cm	42cm	84cm
2	4	7	10
3	stori	stori	stori
4	adio	adio	adio
5	7 wythnos	9 wythnos	12 wythnos
6	3 x 2m	5 x 5m	6 x 5m

Gwers 4 (tud 22)
A: 16; B: stori; C: 8

Gwersi 4a–4c (tt 23–25)

C	4a	4b	4c
1	2600g	2050g	5050g
2	lluosi	lluosi	lluosi
3	£6.00	£9.15	£12.65
4	5.15 pm	5.40 pm	6.00 pm
5	stori	stori	stori
6	38	76	108

Gwers 5 (tud 26)
A: 11 awr, 45 munud;
B: rhannu; C: £3.17

Gwersi 5a–5c (tt 27–29)

C	5a	5b	5c
1	rhannu	rhannu	rhannu
2	12 litr	12 litr	42 litr
3	stori	stori	stori
4	90°	180°	144°
5	£2.10	£3.20	£4.90
6	120m	210m	270m

Gwers 6 (tud 30)
A: £15.00; B: stori; C: 19 Mai

Gwersi 6a–6c (tt 31–33)

C	6a	6b	6c
1	18	68	124
2	stori	stori	stori
3	26cm	61cm	124cm
4	£6	£9.20	£10.25
5	5ed Tach	19eg Tach	3ydd Rhag
6	minws	minws	minws

Datblygu ymresymu rhifyddol: Adnabod prosesau a chysylltiadau

Gwers 1 (tud 34)
A: Plygwch y papur yn ei hanner a thorrwch ar ongl o gorneli agored un ochr i'r ochr gyferbyn;
B: amryw ffyrdd, trafodaeth dosbarth;
C: 11

Gwersi 1a–1c (tt 35– 37)

C	1a	1b	1c
1	ciwb	yr un fath	ciwb
2	9	9	9
3	silindrau	prismau triongl	hemisfferau
4	12cm	48cm	72cm
5	MAM	Dim llinellau	OXO
6	sffêr, silindr neu hemisffêr		

Gwers 2 (tud 38)
A: drwy adio'r rhifau gyda'i gilydd, 80;
B: 14 +15 + 16 = 45;
C: ee. 2 + 2 + 2 = 6, 4 + 4 + 4 = 12

Gwersi 2a–2c (tt 39–41)

C	2a	2b	2c
1	60 eiliad y funud lluosi gyda munudau		
	x 2 = 120	x 5 = 300	60 x unrhyw
2	tynnu 57	tynnu 37	tynnu 137
3	4,8,12,16 ayb	6,12,18 ayb	8,16,32 ayb
4	58–32=26	71–25=46	175–29=146
5	adio,289	adio,389	adio,489
6	Diffiniadau o berimedr		

Gwers 3 (tud 42)
A: 14; B: 64; C: paralelogram, trapesiwm neu hecsagon

Gwersi 3a–3c (tt 43–45)

C	3a	3b	3c
1	2	2	4
2	nac oes	oes	nac oes
3	oes	oes	nac oes
4	2 1 x 8; 2 x 4	3 1x12;2x6;3x4	3 1x18;2x9;3x6
5	ydy	ydy	ydy
6	amryw	amryw	amryw

Gwers 4 (tud 46)
A: anghywir, trafodaeth dosbarth, plant i ddangos enghreifftiau;
B: tynnu, ateb 320;
C: £2.00 tynnu £1.17 = 83c

Gwersi 4a–4c (tt 47–49)

C	4a	4b	4c
1	datganiad, plant i ddangos enghreifftiau		
2	195,276,834	amryw ffyrdd	amryw ffyrdd
3	esboniad o luosi		
	56	96	176
4	esboniad o gyfrifiad		
	£1.50	£2.65	£4.09
5	6; 6	9; 5	7; 8
6	esboniad o rannu		
	35	45	62

Gwers 5 (tud 50)

A: 9; B: 30; C: pyramid gwaelod sgwâr

Gwersi 5a–5c (tt 51–53)

C	5a	5b	5c
1	amryw	amryw	amryw
2	2	9	15
3	ciwb a chiwboid		
4	4	4	6
5	8=2, 3=1	88=2, 33=1	111=2,313=1
6	24cm	30cm	36cm

Gwers 6 (tud 54)

A: Unrhyw o 0+9, 1+8, 2+7, 3+6, 4+5

B: trafodaeth dosbarth ac esboniad, 106;

C: gwir

Gwersi 6a–6c (tt 55–57)

C	6a	6b	6c
1	A,B,C,D,E	H	O,X
2	76	46	166
3	75 x 1 25 x 3 15 x 5	50 x 3 75 x 2 25 x 6	90 x 5 50 x 9 75 x 6
4	cywir	cywir	cywir
5	2x hyd + 2x lled	2x hyd + 2x lled	2H + 2Ll
6	265	365	565

Defnyddio sgiliau rhif

Gwers 1 (tud 58)

A: 58; B: £9.20; C: Gallan, 400ml dros ben

Gwersi 1a–1c (tt 59–61)

C	1a	1b	1c
1	65c	£1.27	£2.07
2	4	3	7
3	£3.30	£5.25	£8.25
4	61	111	156
5	2m 11cm	2m 18cm	2m 39cm
6	3.50 pm	4.05 pm	4.02 pm

Gwers 2 (tud 62)

A: 40g; B: £9.80; C: 38 munud

Gwersi 2a–2c (tt 63–65)

C	2a	2b	2c
1	£80	£140	£240
2	31 diwrnod	61 diwrnod	92 diwrnod
3	16 litr	24 litr	32 litr
4	8.60m	9.40m	9.00m
5	36, 24	60, 48	96, 84
6	9	15	12

Gwers 3 (tud 66)

A: 26 Mawrth; B: £400; C: 208.5 milltir

Gwersi 3a–3c (tt 67–69)

C	3a	3b	3c
1	28000m	38000m	58000m
2	10 wythnos	12 wythnos	12 wythnos
3	28	46	74
4	£6.20	£3.20	£10.20
5	6kg	10kg	15kg
6	23 mun.	43 mun.	51 mun.

Gwers 4 (tud 70)

A: 4.57 pm; B:600g; C: £8.40

Gwersi 4a–4c (tt 71–73)

C	4a	4b	4c
1	27c Caleb yn gwario 2c yn fwy	36c Caleb yn gwario 11c yn fwy	54c Caleb yn gwario 29c yn fwy
2	2 litr	3.5 litr	6.5 litr
3	18fed Gorff	25ain Gorff	1af Awst
4	15 cwpan	21 cwpan	27 cwpan
5	50cm	180cm	360cm
6	£5.50	£3.75	£13.75

Gwers 5 (tud 74)

A:58; B: 45 litr; C: Efa o 42 diwrnod

Gwersi 5a–5c (tt 75–77)

C	5a	5b	5c
1	11	21	33
2	£4.40	£6.60	£9.90
3	4.5kg	10.5kg	13.5kg
4	56cm	28cm	20cm
5	35 eiliad	46 eiliad	65 eiliad
6	9 wythnos	15 wythnos	35 wythnos

Gwers 6 (tud 78)

A: 3, £1.50; B: 8m 80cm; C: 10

Gwersi 6a–6c (tt 79–81)

C	1a	1b	1c
1	14cm	38cm	61cm
2	£2.00	£3.00	£4.00
3	6.55 pm	7.10 pm	8.20 pm
4	72ml	102ml	152ml
5	£2.08	£3.38	£5.22
6	55	66	135

cent
07/06/17

Newport Library and
Information Service

Lightning Source UK Ltd.
Milton Keynes UK
UKOW04f2019280317
297737UK00001B/6/P